U0540326

拿孩子没办法，试试这样说

［加］阿黛尔·拉弗朗斯　阿什利·米勒 著

朱瑾　朱蓓静 译

山东画报出版社
济南

果麦文化 出品

搭建一座通往孩子内心的桥梁

　　本书为父母们提供了一本实用有效、循序渐进的行动指南，能够解决五岁至十二岁孩子身上最常见的一些情绪问题。本书作者是两位拥有三十多年儿童辅导经验的心理健康专家，长期致力于倾听孩子的想法和感受。书中提供的沟通模式能够帮助父母不断摸索新的方式来回应孩子的情绪，从而帮助孩子尽快平复情绪并提高抗压能力。

　　本书通过幽默风趣的语言和大量现实生活中的例子，引导父母搭建一座通往孩子内心世界的桥梁，真正理解孩子的情绪以及行为背后的原因。书中提供了典型场景和对话范例，你可以结合自己的家庭教育风格和孩子的性格，做出相应的调整。此外，本书还给出了具体的支持策略，帮助你应对当下及未来可能出现的难题，让家庭成员皆大欢喜。本书的章节是按照与孩子有关的常见问题进行编排的，方便你快速找到与自己相关的内容。

　　作为一本通俗易懂的家庭教育专著，本书能有效应用于家庭生活中矛盾重重甚至闹得天翻地覆的局面，适用于父母、祖父母以及儿童和青少年的其他监护人，也适用于从事家庭心理咨询的专业人士。

献　给

　　与我一起并肩作战的家长们，是你们教给了我比任何教科书上都更多、更重要的事情。

——阿黛尔·拉弗朗斯

　　洛琳，是你让我明白，要帮助他人解决问题，最可靠的方式就是先用心倾听。

——阿什利·米勒

目 录

第一部分　导言

- 002　第一章　新路径
- 009　第二章　地图
- 029　第三章　潜在障碍
- 043　第四章　贵在坚持

第二部分　这些时候该对孩子说什么

- 056　第五章　"我不想……"
- 074　第六章　"我想念……"
- 087　第七章　"你更爱姐姐……"
- 095　第八章　"这简直太棒了！"
- 102　第九章　"我肚子疼……"
- 111　第十章　"我不跟你说……"
- 119　第十一章　"我可真坏/我可真蠢……"
- 131　第十二章　"你根本不明白！"

143	第十三章	"我不知道选哪个……"
155	第十四章	"不要去上班！"
168	第十五章	"我没考好……"
181	第十六章	"我恨透了我的生活！"
190	第十七章	打起来了！
198	第十八章	"别让我去妈妈/爸爸那边！"
206	第十九章	"重新来过"
216	第二十章	"你太温和了！"和"你太严厉了！"
232	第二十一章	"你为什么这样跟我说话？"

第三部分　下一步该怎么走？

241	第二十二章	新的方向
251	第二十三章	实用资源

270　推荐阅读

271　致谢

第一部分

导 言

第一章　新路径

瑞秋不过是想出门去超市买点东西。今天是星期天下午，所以她得带着孩子们一块儿去。她早就考虑到了这一点，一早就告诉了孩子们今天的出行计划。离出发时间还有十分钟，她催促两个孩子可以准备出发了。五分钟后，她看到七岁的女儿一边在穿鞋一边哼着歌。九岁的儿子坐在沙发上，双臂交叉在胸前，突然来了一句"我不想去"。这样的情况瑞秋并不是第一次碰到，所以未免有点来气，但还是在心里默念"心态不要崩"。她对儿子说："动作快点，和妈妈一起出去买东西可好玩啦。你可以挑自己喜欢的麦片。"但儿子丝毫不为所动，依旧固执地赖在沙发上。瑞秋尝试着保持克制，好言相劝几次之后，明白这样做根本不管用——儿子陷入了逆反心理。瑞秋决定是时候给他点颜色看看了，于是威胁道："我们要出发了，你再不给我马上站起来，这周接下来的时间都不准打游戏！"儿子生气地跳了起来，冲到妹妹面前，一拳打向她的胳膊。妹妹号啕大哭，瑞秋冲着儿子怒吼道："好，这周都不许打游戏，给我回房间——现在！立刻！马上！"

刚刚到底发生了什么？

瑞秋的丈夫杰夫在厨房里全程目睹了这一幕，心想："换作是我，我会用不同的方式来处理。"一个星期以后，轮到他带孩子们一起出门去买东西了。他说道："好了，小家伙们，我们五分钟后出发，不要跟我说什么'如果''而且'或'但是'。"这一次，儿子朝门口挪了几步，然后突然拎起妹妹的一只鞋，扔到了门外。妹妹哭道："爸爸！他把我的鞋子扔到外面去了！"杰夫提高了音量："你给我听好了，臭小子，乖乖去超市，没什么好说的。快去把妹妹的鞋子捡回来，别再胡闹了。"儿子捡起鞋子扔进屋里，差点砸到妹妹身上。杰夫吼道："我说过，别再胡闹了！"小男孩一边吼回去："我才不想去什么无聊透顶的超市，你不能逼我去！"一边跺着脚走进了自己的房间。

如果你打开了这本书，你多半在和孩子相处的过程中体会过一些沮丧、恼怒甚至情绪完全失控的时刻。你可能恨不得把自己一个人关在卧室里，安安静静地看会儿书，或干脆想把孩子送到爷爷奶奶家生活一个月。和你同病相怜的大有人在，我们都遇到过类似的情况。为人父母并非易事，也可以说非常辛苦。大多数父母都曾陷入一些常见的为难境地。本书的目的就是希望你在碰到家庭教育难题的时候，比如你已经比上班时间晚了半个小时但儿子就是不肯好好穿衬衫，又比如女儿这个月第四回因为考砸了而心情低落，或是儿子抱怨"你是世界上最坏的爸爸/妈妈"的时候，书中的内容能对你有所帮助。

如果你一度觉得是自己把事情弄得一团糟，或觉得孩子正变得无法无天、难以管教，我们也和你产生过同样的怀疑。虽然我们的职业身份是临床医生，但也都在为人父母的角色中经历过痛苦和挣扎，所以，书中所写的都是对我们的实际生活有帮助的内容。我们希望提供一些实用方法，便于你在毫无头绪时尝试运用，但这并不意味着当事事顺遂时，本书的内容就对你没有用处。对于那些忙于应付接二连三挑战的父母而言，本书也同样适合。我们曾为一些饱受心理问题折磨或被常见的压力源困扰的孩子及其家长开展过心理治疗服务，本书中提到的方法对那些长期存在这些问题的家庭来说也是非常有用的。

当然，这世界上并不存在一本完美的、万能的家教手册。我们的确是心理专家，但你才是最懂自己孩子的专家。如果你觉得书中的一些建议对你很有用，那自然是再好不过了。但如果你觉得另一些建议并不适合你或你的家庭，可以随时跳过某些章节。现在的家长总会有这样一种错觉，认为存在某种"万能"的家教方法，然而事实并非如此，"随机应变"也是很关键的因素。因此，我们鼓励你摸索出当下对你的孩子最管用，也让你觉得最自在的教育方式。当你尝试运用了一段时间的沟通技巧之后，兴许会对书中的内容产生全新的认识和理解。

同样，我们也不想粉饰太平，假装安慰你说在孩子大闹脾气时主动伸出援手是一个很轻松、很优雅的过程。家庭生活说好听点是一团乱麻，说直白点简直是鸡飞狗跳。这就是为什么我们特别愿意分享一些可以真正帮到你和孩子的具体建议或行动策略，它们可以让你有更多挽回的余地，或暂时摆脱困境。我们也希望你结合实际，对书中的方法进行调整，使之更适合自己家庭的特点和孩子的个性需求，从而完善补充本书中的方法。我们提供的沟通模式相当于是一张地图，而你还需要凭借直觉的指引才能找到有效的路径。

最后，你要明白的一点是，不必为了追求效果而完全照搬任何一种方法，甚至都不必刻意效仿。本书的内容充分体现了"努力终有回报"和"细水长流"的道理。我们发现，只要坚持运用本书中的小技巧，你就会看到家庭生活在几天、几周或几个月的时间里发生的巨大变化。此外，养育孩子做不到无微不至，我们只能尽力在孩子最需要的时候出现并陪伴在他们身旁。

本书使用指南

在临床实践中，每天都会有父母问我们："但是，当……的时候，我又该说什么呢？"或者"你能帮我把回答的内容写下来吗？"比如年幼的孩子会说"我想吃饼干"，而大一些的孩子则往往会说"我拿不定主意"或"我讨厌你"之类的话。作为父母，他们想知道怎样哄好发脾气的小孩。

在向父母和家长提供指导的过程中，我们曾告诉他们：在回应孩子这些话的时候，不要太过于在意具体的措辞，而是要想方设法表现出一种认可的态度。换言之，重要的不是你说了什么，而是你传递给孩子什么样的感受。

尽管如此，家长还是会坚持要求我们提供一些对话范例，帮助他们更好地掌握入门诀窍。为了满足这部分父母的需求，我们将本书的剩余部分按照不同的场景章节编排，每章都以一些孩子可能会说的话作为引子，例如："你更喜欢妹妹"或者"我是个大笨蛋"。这样你今后就可以根据实际情况，随时翻到与自己的家庭生活相关的章节，并从中获得一些启发。我们会提供若干种不同的回应方式，供你自行选择，同时也会给出一些提示，以帮助你获得更好的实践效果。

在后续的每个章节里，我们都会延续类似的模式，通过不断重复，让你更加熟悉这种模式，直至养成习惯。例如，在每个场景章节的开头部分，我们都会先给出一些为人父母（包括我们自己）在碰到这类场景时常见的下意识反应。然后，我们会请你进行换位思考，从孩子的角度体会他们的感受。我们把这样的做法称为**"搭建桥梁"**，这种心理练习方法可以为你打开通往孩子内心世界的大门。

搭建桥梁的时候还需要运用我们所说的**"情绪翻译"**来理解孩子的感受。当父母弄不明白孩子发生了什么，或孩子的行为方式与他们真正的需求之间似乎存在差异的时候（试想一个孩子大喊"你才不是我的亲妈"，但真实情况是他感到很受伤），情绪翻译就有用武之地了。这时候，要用言语去认可安抚他们的情感。你还需要阐述一些理由，说明孩子产生这样的想法或感受也是人之常情。最好能用孩子说话的方式或至少是他们听得懂的话。理解他人内心感受又不掺杂主观评判，这种能力是建立一切健康人际关系的重中之重。同时，在这样的人际沟通过程中也能最有效地平复对方当下的情绪。只要你做到这点，不仅能迅速地安抚对方，还能给对方定下规矩，可以说是两全其美。

为了帮助你完成这个步骤，我们将给出不同的备选表达，以便你根据实际情况选择最适合自己的表达方式。顺便说一句，即便你一丁点儿也不赞同孩子的观点（设想一个五岁的小朋友感到不开心，因为果汁是红色而不是蓝色的），你也同样可以表现出对孩子观点的理解。换言之，你关注的并不是事实，而只是孩子的观点，要记住这个重要的区别。这样，我们就到了沟通模式的最后一个组成部分：**付诸行动**。

通过采取以上步骤，你或许早已避免甚至平息了风暴。但如果没有见效，我们将推荐一些不同的解决方案，你可以根据需要从中选择情感支持或行动支持的方法，帮助你和孩子一起更好地成长（并继续面对下一个挑战）。为了说明如何将上述步骤串联起来，我们会给出一个家长和孩子之间完整的对话范例，随后附上一些我们自己犯过或在工作中辅导家长时发现的常见误区与迷思。最后，由于本书涉及的只是家庭教育方法论体系中很小的一部分内容，我们还会列出一些被专业人士或父母广泛认可的参考书目或资料，便于你进一步学习相关知识。

为了让你更好地理解我们所说的意思，下面举一个"现学现用"的小例子：

还记得之前去超市买东西的场景案例吗？基于上述的沟通模式，母亲最初的反应是："动作快点，和妈妈一起出去买东西可好玩啦。你可以挑自己喜欢的麦片"；而父亲的态度则更为强硬："乖乖去超市，没什么好说的"，两者都是下意识反应的不同表现形式。

一旦搭建起通往孩子内心世界的桥梁，说不定我们会发现他们的儿子在超市很容易感到无聊，或者觉得被别人看到和父母、妹妹一起逛超市很丢脸。换言之，如果我们使用了情绪翻译，就会听到与小男孩实际说出来的话完全不同的一些信息，这些信息折射出了孩子内心的脆弱感，例如："我担心如果朋友看到我和你们一起逛超市，会笑话我的。"

对此，你可以用这样的言语表达和孩子沟通：

我很能理解你为什么不想去超市。对你这个年纪的孩子来说，这可不是什么闲逛的好地方（原因1），而更像是大人要做的家务（原因2）。我也想象得出来，比起去超市买东西，今天你有好多更愿意去做的事情（原因3）。

为什么我们建议把如上举例的一些原因说出来呢？当外界（父母或其他监护人）真诚地反映孩子内心的想法和感受时（先向那些喜欢挖苦的人说声抱歉），

会激活孩子大脑中一连串的反应，这些连锁反应会降低情绪的强度。即便你并不认同他们的感受，即便你的底线不会发生改变（还是要去超市），孩子的情绪也会有所缓和。换句话说，当作为父母的我们能够将孩子头脑里产生的想法用言语表达出来的时候，后者大脑中此起彼伏的情绪声音就会慢慢消停下来。这是一种神经生物学反应，在不同的化学物质和大脑个别区域的共同作用下，孩子会接收到信号："太好了，我的心声被听到了，我可以让自己冷静点儿了！"

当然，必须提前声明，我们教给你这种回应的方式，并不单单是为了让孩子感到温暖，尽管这确实是好处之一。更重要的是，这种回应方式的确是有实际作用的，可以有效地平息孩子的情绪风暴。因此，我们希望你能大胆地尝试，让孩子更容易倾听你的想法、配合你，甚至主动想出解决问题的办法。

我们进入最后一个步骤——付诸行动。如果你能联系本章开头的例子，实际情况就是，你打算带着孩子们一起去超市买东西，这个计划是不会改变的。因此，你可以对孩子展现一些同理心（情感支持），并且可以给他提点打发时间的建议（行动支持）："小家伙，我非常理解你的心情。我向你保证，我们不会在那里待上一整天。我们要不要一块儿想想可以带点什么东西在身边，帮助你打发车上的时间，比如带本书或放点音乐。"

如果你碰到过上面描述的场景，但是结局并不太理想，你回头总有机会再次尝试对孩子使用我们提供的表述结构。我们把这种情况称为"**重新来过**"，而且效果不亚于第一遍就做对，这一点再怎么强调也不为过。无论孩子是九岁还是四十九岁，尝试用一种新的方式与他们沟通并产生积极的成效，对父母来说永远为时不晚。虽然本书针对的主要是儿童的家长，但只要稍加调整，书中的沟通法则就可以推广到各个年龄段的亲子关系。

以上介绍的所有内容在我们看来都是"说起来容易，做起来难"，因为那些恼人的下意识反应会让你觉得这种新的沟通方式无比别扭。当我们向父母推荐上述策略的时候，很多人都面露难色。有些父母担心，这是以一种不太健康的方式助长孩子的情绪，或赋予孩子太多的权力。这些担忧再正常不过了。因此，我们会在第三章专门讨论一些常见的顾虑或潜在障碍。此外，我们还会在第四章专门讨论"贵在坚持"，这样你在处理一些让人恼火或不愉快的场景时就能更好地兼顾自己的情绪。

各式各样的场景不胜枚举，因此我们鼓励你将书中介绍的概念融会贯通，以便在面对一系列复杂的挑战时能够灵活运用。我们也会专门讨论父母双方在孩子教育问题上的分歧。例如，当伴侣采用一种你并不认可的方式批评或教育孩子的时候，你应该如何应对？碰到这种情形很容易踩雷，不过按照我们的建议去做，可以保护你安然无恙。无论是以个人还是以小组的形式参与，我们辅导过的许多父母在采用这种方法之后，往往乐于把同样的技巧用在配偶、同事甚至自己的父母身上。因此，我们希望这些简单而有效的策略能够帮助你充满信心地处理好与孩子或与其他人相处中遇到的难题。

在最后几章，我们会针对一些更复杂的场景提供更细致的建议，并附上记录表和资料，这样你就可以更深入地理解本书的内容。虽然人类的情感是共通的，但是根据实际问题的不同、孩子年龄的差异以及其他个体因素，采用的行动支持策略也会有所不同。这也是书末我们给出一些非常推荐的参考资料的原因之一。

顺便提一下，在整本书中，我们会交替使用"她""他"，以及"他们"等代词。我们用"孩子""儿童""青少年"等词汇来指代任何性别的孩子。"父母"和"家长"这两个词也用于描述任何对孩子负有照顾责任的成年人。同样，我们所指的成年人可以是任何性别，可以是孩子的亲生或非亲生父母、其他家庭成员，也可以是孩子生活中其他重要的长辈。最后，我们非常清楚大多数父母并没有太多的闲暇时间。因此，很感激你抽空阅读本书，与我们一起度过为人父母的一段时光。

第二章　地图

我们希望你在阅读本章时能始终思考如下问题：你愿意在孩子身上投入多少时间来提高他们的配合度？如何才能避免让孩子情绪崩溃？每天的生活被大大小小的事情占据，你觉得较为合理的亲子时间是多久？二十分钟，十分钟，还是两分钟？

希望接下来的答案对你来说是个好消息：我们推荐的沟通模式只需九十秒钟就足够了。没错，就是不到两分钟。当然你愿意付出更多时间也可以。有时候，五分钟或十分钟的陪伴可以产生最佳效果。不过要说明一下，我们推荐的是一种能够让大脑充分冷静下来（但不是百分百完全冷静）的简便互动方法，这样孩子在当下就会更愿意变通，也会更容易转变想法、转换情绪或改变行为。

本书主体部分的章节都遵循相同的结构。针对前面列出的步骤，我们会给出更多的背景信息，帮助你通过反复练习，根据自己的实际情况灵活运用这些方法。整个沟通模式包括首先识别你的下意识反应，然后有意识地做出与以往习惯略有不同的回应。这种回应方式由以下三个步骤组成：

（1）搭建桥梁；（2）言语表达；（3）付诸行动。

使用这些步骤的前提条件是，父母需要把自己的心态调节到"充分冷静"的状态。换言之，尽管你可能还在气头上，但只要足够冷静，就可以多多少少通过沟通来实践这些步骤。

识别"下意识"的反应

试想一下,当孩子放学回家后说"我数学太烂了,我永远也学不好数学",父母的反应几乎无一例外都是"谁说你学不好的",然后还会给出一些积极向上的鼓励或解决问题的办法。我们调研了数千名家长、老师甚至临床医生,发现这类反应是最常见的。

为什么呢?因为父母下意识的反应往往源于想要保护孩子的美好意愿:保护他们免受伤害,帮助他们成长为快乐、独立、有为的大人。但遗憾的是,受习惯的驱使,我们坚信实现这个目的的最好做法就是远离情绪上的不适,并且帮助他人也做到这点(稍后会详细讨论)。

除了这种社会文化因素的强大影响,无论孩子在经受身体上的痛苦,还是情绪上的困扰,大多数父母都会希望这类问题尽快消失,特别是当孩子的痛苦引起了父母内心的无助感(我不知道该怎么帮他)、焦虑感(如果孩子厌学了可怎么办),或是其他难受的情绪反应(如果孩子肯好好学习就好了)。可惜这样的言语回应方式并不能帮助孩子走出负面情绪,而我们最不希望看到的就是孩子陷入情绪的泥潭。当你越了解自己的下意识反应,才越能摆脱束缚,去尝试不同的做法。

例如,当看到孩子很苦恼的时候,你的角色是更像逗人开心的小丑,还是加油鼓劲的啦啦队长,还是阳光向上的乐天派?当孩子发脾气的时候,你是显得底气不足,还是变得更加强势?不妨好好反思一下,当孩子难过的时候,你的第一反应是什么。试着回想一下某件事发生在某个孩子身上的时候,你的反应到底是怎样的。

几种类别的下意识反应

以下是与他人互动时几种潜在的下意识反应。你能识别自己属于其中哪种

（或哪几种）类型吗？

安抚	轻描淡写	解决问题	分散注意
告诉别人一切都会好起来的。	让别人认识到问题其实并没有什么大不了的。	向他人提供帮助或建议，告诉他们可以怎么做。	将话题转移到较轻松或不那么痛苦的事情上来。
加油鼓劲	认同	询问	纠正
激发他人发挥自身的优点和潜力。	分享你遇到过的类似事情或更糟糕的事情。	试图获取更多的细节信息，以便更好地了解情况。	认为别人不应该产生某种念头。

以上内容经授权改编自《加拿大不列颠哥伦比亚省儿童医院心身联系小组治疗手册》（非公开出版）。

当孩子感到焦虑的时候，我的下意识反应是：

_____

_____

_____

当孩子感到悲伤的时候，我的下意识反应是：

_____

_____

_____

当孩子感到窘迫的时候，我的下意识反应是：

_____

_____

_____

当孩子感到生气的时候，我的下意识反应是：

_____

_____

_____

或许你已经注意到了，面对孩子表达出来的不同情绪，你会产生不同的下意识反应。原因就在于我们已经被社会化了，会以不同的方式去回应不同的情绪。可能在童年的家庭教育中，你学会了要避免发火；也可能在儿童或青少年时期，你成天目睹身边的人发火，所以长大后选择了回避愤怒情绪。无论是哪种情况，如果你能自觉地意识到自己是用怎样的沟通模式回应孩子流露出的脆弱、沮丧和愤怒，就会从中获益，从而真正理解自己的反应模式，并对孩子情绪背后的缘由感同身受。人们常说"童年的前五十年是最难熬的"，我们也很赞同这样的说法！

第一步：搭建桥梁

现在开始，我们首先要搭建桥梁，准备好以一种全新的方式来应对不同场景下孩子的情绪化反应。即便在最糟糕的情况下，也需要牢记，我们并不是孩子，孩子也并不是我们。我们与孩子彼此相通，却也各自独立。在压力涌现的时分，你可以想象你和孩子是两座岛屿——烦恼的"孩子岛"和沮丧的"父母岛"。当事情的发展出现偏差、你彻底迷失方向的时候，请站在一个满怀好奇的探险家的角度问问自己："我想知道孩子到底是怎么了，为什么会有这样的行为表现？"换句话说，即使你认为孩子完全不讲道理，也要搭建起一座心理的桥梁，通过这座桥梁，进入孩子的内心世界。

至于你的判断是否正确，与这一步骤其实无关——因为老天才知道为什么会这样。客气点说，很多让年幼的孩子感到困扰的事情是毫无道理可言的，例如孩子可能只是因为找不到一只袜子而崩溃大哭。在这种情况下，根据孩子的脾气、性格和成长阶段找出这个问题背后可能存在的不同答案，才是关键所在。

换言之，搭建桥梁可以让父母展开头脑风暴，合理地猜测孩子为什么会产生某种特定的情绪或行为。有些父母在第一次听到这个步骤时不免会问："为什么我不可以直接询问孩子的感受呢？"如果孩子能够跟你进行这样的对话，那自然很好。你可以问问他出了什么状况，需要怎样的帮助。这是最直接的方式，不必再进行任何猜测。然而在很多情况下，更好的选择就是去猜测，主要包括以下四种可能：

1. 孩子尚未学会识别自己的情绪或需求。
2. 孩子太难过或完全不知所措，以至于无法清楚地进行沟通。
3. 孩子对自己有这样的情绪感到难为情，因此不太可能主动说出来。
4. 孩子在生你的气，不愿意吐露心声。

事实上，我们发现合理的猜测比表面上看起来的更有意义，因为这么做也向孩子传达了如下的信息："你在我心目中很重要，我正在通过这种心理练习来更深入地了解你此刻的情绪。就算猜错也没关系，我愿意继续猜下去。"

情绪翻译

当你来到一个陌生的国家，对当地的语言一窍不通时，有时候可以凭猜测知道发生了什么事，但有时候你确实需要一名翻译才能理解人们在说什么。理想的状态是，孩子总能以得体的方式直接说出问题所在。而在现实生活中，特别是在前面所描述的场景中，当孩子无法直接表达自己的感受和需求的时候，父母可能需要在大脑中把他们的言行翻译成更清晰、更符合逻辑的内容。例如，有时候孩子说的话或做的事情与他们的真实情况并不一致。当孩子觉得你疏忽了他时，可能会说自己非常讨厌你，而实际上他只是渴望得到关注与关爱。

当看到孩子费解的行为，比如说出伤人的话或拒绝配合父母合理的要求时，大多数情况下背后都有着更复杂的原因。著名的家庭治疗专家维吉尼亚·萨提亚将外在行为描述成"冰山一角"，冰山之下还隐藏着许多不易察觉的想法、感受和众多信息（见图 2.1）。

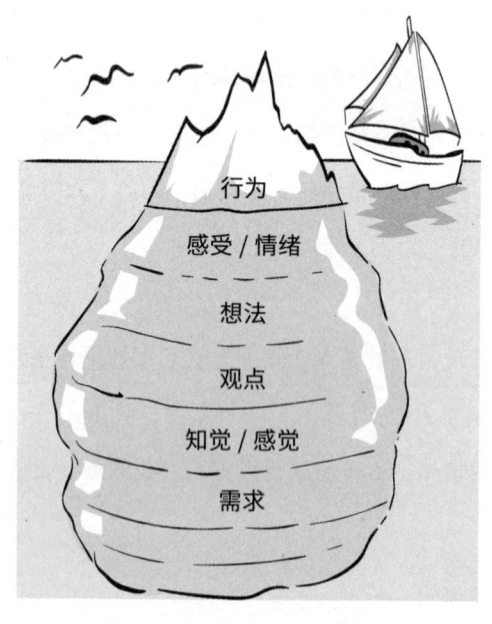

图 2.1 个人内在的冰山隐喻

当我们看见冰山下的东西时，即便只是出于想象，也能以一种更为冷静、更能共情的方式做出恰当的回应。

不妨看看这个例子：
妈妈让十岁出头的女儿不要再跟朋友发短信了，小女孩冲着妈妈大声喊道："你把一切都搞砸了！"

情绪翻译：
我们可以使用情绪翻译来发现她真正想表达的意思是："我很生你的气，因为我想继续跟我最好的朋友聊天。"

再来看一个例子：
当爸爸出差回来走进家门，与妈妈聊天的时候，儿子一头扎进了自己的房间。

情绪翻译：
孩子的行为可能是想表达："我真的很生气，因为你出去了这么多天"，或者可能是："我很难过，因为我很想念你，也想得到你的关注。"

将孩子的情绪爆发、发脾气、消极行为以及伤人的话翻译成情绪和需求，有助于我们建立必要的思维模式，站在孩子的视角看待问题。

当孩子这么说 / 这么做的时候：

我能够想象是因为她 / 他确实感到（脆弱的情绪）：

在这些情况下，孩子可能是需要（脆弱的需求）：

如果你目前还不能很好地理解情绪化表达或行为背后的根源，也不必担心。本书中我们将提供许多相关的例子，帮助你逐步习惯这种思维方式。我们也希望你能思考这些可能性，或是从我们的建议中获得启发，弄明白孩子究竟是怎么了。现在你只需要记住，情绪翻译可以把语言和行为翻译成情绪和需求。也就是说，有时候你不能只按字面意思去理解孩子的想法，尤其是在他们发脾气的时候。这并不意味着不相信孩子说的话，而是要记住，每个人在生气的时候都会口不择言或冲动做事，但这些话和这些行为或许并不能反映我们内心深处更脆弱的一面。

另外一点需要注意：一旦你成功地搭建起了心理桥梁，也不必一直停留在原地。我们是希望你暂且站在孩子的角度，然后采用接下来的步骤（言语表达和付诸行动）来帮助他走出困境。你现在做的事情只是完整过程中的一个中间步骤而已。请记住，这与所谓的事实真相之间没有丝毫关联。

关于搭建桥梁的一些小建议

要搭建通往孩子岛的桥梁，最有效的途径之一就是对孩子给予关注和重视。身为父母，每天都很忙碌，因此这绝不是轻轻松松的小事一桩。但也不是说你需要放下手头的一切事情，每时每刻都关注孩子的心理状态，这样反而不利于孩子的成长。但是当孩子感到沮丧，而你又有时间精力去沟通的时候，请你集中注意力——哪怕仅仅是几秒钟也会很有帮助。要做到这一点，我们鼓励你做到以下几件事情：

1. 在问题得到解决之前,不要被其他任何事情分散注意力。

2. 如果身边还有其他孩子,告知他们接下来的几分钟内你可能顾不上他们。

3. 试着沉默片刻,做几次深呼吸,关注内心的感受。

4. 怀揣好奇心观察孩子,从不同的视角看看你是否能够真正体会到孩子的感受。俯身与孩子平视也会有所帮助。

5. 如果你不能体会孩子的感受,可以想想孩子的一天是怎么度过的。他是否有一门考试要考?她是否一直在抱怨与朋友之间发生的矛盾?他早上是否总是讨厌穿衣服?这些都能为你提供线索。

6. 请记住,尽管小孩子有时候会模仿大人说话,但他们并不会像大人一样思考。四岁的幼童认为壁橱里藏着怪物。有些十二岁的小朋友会相信世界上存在牙仙子[1]。考虑到孩子的年龄、所处的环境和独特个性,不妨问问自己,为什么他们会基于自己的思考方式做出这样的反应呢?

7. 不妨换位思考,想一想如果小时候的你处在孩子的情况,可能会有什么感受。

8. 如果你还是不知道问题出在哪儿,那就陪孩子出去玩,让他知道你在很努力地理解他的看法,也很想帮忙。陪他一起玩耍或参与他的活动,然后询问他的感受,或者讲出自己的猜测,看看会发生什么。

---

[1] 又叫牙仙、牙齿仙女、牙仙女,美国文化中专管儿童牙务的仙女。美国小孩子都会被告知有一个仙女专门负责收集小孩子换牙时掉落的牙齿,小孩子应该把自己掉的牙齿放在自己的枕头下面,不然就会遭厄运。(本书中的注释均为译者注)

💬 第二步：言语表达

一旦完成了搭建桥梁的心理练习，就可以把在孩子岛上掌握的信息通过认可和言语表达出来。市面上关于"认可他人"的定义五花八门，有些甚至是自相矛盾的。因此，针对我们所说的沟通模式，一开始就对其中"认可"的含义做统一的界定，就变得非常重要了。搭建桥梁是练习如何通往孩子的内心世界，而我们所使用的"认可"一词就涉及用言语和孩子沟通，其所传递的信息是：不管你是不是认同孩子的情绪，你都可以理解他们情绪产生的根源。

我们发现，以下这些开场白会很有用：

我可以理解你……

难怪你……

你会这么想也有道理……

如果我是你，我想象得出你会感到 / 认为 / 想要 / 不想＿＿＿＿＿＿

你可以运用这样的表述结构来认可孩子的感受（"我想象得出你会感到紧张不安"）、想法（"难怪你认为这样不公平"），或是情绪（"你会感到伤心也可以理解了"）。有些孩子可能会对其中某类表述的回应更加积极，因此把这些不同类别的表述方式都尝试一遍很有必要。但如果你时间有限，或只能记住其中一类表述方式，那么研究表明，当你给孩子的情绪一一命名时，他们的大脑往往会处于最佳的回应状态。我们将在第二十三章"实用资源"中为你提供一份以后用得上的话术清单。

一旦你开始使用这些表达方式，就可以做一些猜测，猜猜孩子为什么会产生这样的感受和想法，或表现出这样的行为。例如：

我想象得出，你可能是因为1（填入第一个可能的原因）、2（填入第二个可能的原因）、3（填入第三个可能的原因）而感到烦恼。

你陈述的每一个原因都有助于让孩子的大脑冷静下来，为下一步的行动做好铺垫（提供支持、重新引导、定下规矩等）。对于一些孩子来说，你只需要说出一个原因就能看到效果。对于另一些孩子来说，你可能需要想出更多的原因才能安抚他们。因此，当你把这个方法运用得越来越熟练的时候，我们建议你定下"想出三个原因"的目标。这样你就能通过不断练习，猜测孩子产生情绪的原因，提高成功沟通的概率。当然，如果你目前只能想出一到两个原因，也不必担心。毕竟这种表述方式与下意识的反应全然不同，是很有可能会产生积极效果的。

最后，在猜测各种可能性的时候，你必须表现出相信孩子的本意是"善良"的。无论我们是否把这点说出来，孩子都能感觉到我们的看法。如果我们在解释孩子行为和感受的时候，通过某种方式表现出对他们的肯定态度，也理解他们想尽力做到最好的心愿，这些信息都会被孩子感知到。这并不意味着父母应该盲目鼓励孩子，而是应该发自内心地认可孩子的能力，认同他们内心深处的愿望——让父母开心，得到父母的理解、接纳、关心，让自己觉得更好受——即便有时候表面上看起来并不是这样。如果父母能够察觉到孩子的美好意图并牢记在心，陪他们一起开心、一起难过，孩子就更有可能朝着积极的方向发展。我们不仅仅是通过言语和行动来支持孩子的成长，也是通过对孩子的信心来支持他们。

下面这个例子就突出说明了这一点：

孩子说："这次的美术作业完成得太糟了，我不想交给老师。"

母亲回应道："我理解你为什么会感到烦恼，因为（1）你真的很希望这幅画看起来更加逼真，（2）你对作业的态度很认真。（3）你也一直在很努力地完成作业，并且希望老师能够明白这一点。"

要注意这个例子中有几个关键点:(1)这位母亲是从孩子的角度,而不是从自己的角度发表意见;(2)这位母亲通过猜测孩子不高兴的三个原因来表明她理解孩子的想法;(3)这位母亲在每个原因中都强调了孩子的主观积极态度。

你可能也注意到了,这位母亲并没有急于解决或化解问题。这并不是说言语安抚和解决问题在这个沟通模式中不起作用。恰恰相反,它们是整个方法中关键的组成部分,只不过步骤顺序极为重要。当父母先搭建好桥梁并用言语进行表达时,他们对孩子行动上的安抚和支持会变得更有成效。背后的原理是什么呢?当你按照本书推荐的表述结构对他人表示认可的时候,产生的语言和非语言信号会激活对方大脑中的催产素等化学物质,使对方冷静下来。这些化学物质还会与大脑的情感中枢——边缘系统的受体相结合,这样产生的效果就好比往气头上泼了一盆冷水。孩子一旦冷静下来,就会更容易接受你的观点,也更有可能讲道理、解决实际问题,从而更好地沟通并配合你。

图 2.2 平复情绪

在合理地猜测孩子为什么会产生某种想法或情绪时，你是否略感局促不安？有这样的感觉是很正常的。有些父母担心自己会在孩子的内心植入一个原本并不存在的念头或不好的感觉，有些父母则担心自己要是猜错了原因会失去孩子的信任。于是，他们就会像下面这个场景一样，掉入"质疑孩子"的陷阱（前面提到的下意识反应之一）：

母亲："你看起来不太开心，怎么了？"
孩子："没什么。"
母亲："好吧，你是在担心什么事吗？"
孩子："不知道。"
母亲："是在学校里碰到麻烦了？还是和朋友吵架了？"
孩子："我不知道！"
母亲："亲爱的，如果你不告诉我问题出在哪儿，我怎么能帮助你呢？"

那么，你应该如何进行回应呢？别担心，我们会讨论大量的例子，从而让你以更加积极的方式支持孩子，而不必了解太多关于具体问题的细节。目前我们发现，只要用试探性的方式，推心置腹地与孩子沟通自己猜测的原因，就至少会产生一定程度的效果。当你说出一些合理的猜测时，会让孩子知道父母对自己的情况有所掌握，也愿意帮助他们理解并梳理自己的想法和情绪。通过这种方式，父母所传递的信息是：尽管他们可能还不知道确切的答案，但是有信心带着孩子一起弄明白整件事情。父母这样做，也向孩子表明他们能够帮助孩子处理好内心的烦恼。

另一方面，如果你显得自己已经确切地知道了孩子的想法、感受以及背后的原因，有些孩子可能会觉得恼怒（特别是当他们长大了几岁，处于独立意识日益增强的叛逆期——如果你遇到过这种情况，就会明白我们所说的意思）。我们这类从事心理咨询职业的父母特别喜欢去验证自己的猜想，其实这么做风险很大（可以去问问孩子有多么讨厌这种做法，尤其是当我们用"心理咨询师"的口吻和他们谈话时）。因此，如果你的孩子就是这样，你务必要以一种真正的试探性方式和孩子沟通，例如：

"我想知道你是否觉得有点（填入某种情绪），甚至觉得（填入另一种情绪）……"

"也许这有点像……"

"这里我可能说得不对，但我可以想象……"

"有些人在这样的情况下会感到（填入情绪）……"

"我猜想你多少会认为/觉得……"

第三步：付诸行动

尽管本书很重视认可这个阶段，但我们当然不会建议你花上三个钟头就只是把孩子的想法和情绪转变成言语的表达。表达认可固然可以帮助孩子理解自己的内心世界，并让他们的情绪得以平复，但他们同样需要你的帮助才能进一步解决问题，尤其是当他们年龄还小，大脑还没有发育成熟，或情绪已经彻底崩溃（想象一下最高等级火警已经拉响）的时候，抑或你已经释怀（毕竟，生活总要继续）的时候。这样我们就进入了这种沟通模式的最后一个步骤：付诸行动。

在孩子焦虑、伤心、愤怒和抗拒的冰山之下，隐藏着对某些东西的需求和渴望。有时候，这种需求是情绪上的，比如慰藉、安抚，或仅仅是感受到被倾听。有时候，这种需求只能通过行动来满足，比如解决实际问题，或需要大人的行动干预。在这个沟通模式中，我们所说的"付诸行动"通常指的是一些短期的策略，诸如将孩子的注意力转移到其他地方、安抚情绪、教给孩子一些放松身心的技巧，或解决实际的难题。但实际上还有许多更长期、更实用的方法可以帮助孩子管理情绪，比如和孩子一起做"正念"练习，留出更多时间让孩子自由自在地玩耍，以及让他们提前为今后的挫折做好准备。但这些内容已经超出了本书讨论的范围。你可以根据自己面临的实际情况，进一步参阅我们推荐的阅读材料，获取更深入的建议。

我们还是用之前提到的例子，看看如何将这一步骤纳入沟通模式：

孩子："这次的美术作业完成得太糟了，我不想交给老师。"

母亲："我理解你为什么会感到烦恼，因为你真的很希望这幅画看起来更加逼真，而且你对作业的态度很认真。你也一直在很努力地完成作业，并且希望老师能够明白这一点。"（言语表达）

孩子："是的，我只是不知道是否应该花时间重新画这幅作业，还是不管怎样先交上去？"

母亲："亲爱的，我相信你。我觉得你会做出正确的选择。无论你选择哪种方式，我都相信会有好的结果。"（情感支持：传达对孩子的坚定信心）

这种交流过程也许足以让孩子自己去厘清头绪，但或许她还需要一些行动上的支持。例如，和父母一起列出不同选项的利弊比较，帮助她想到更实际的思考方式，或是像下面的例子中这样规定就寝时间：

孩子："这次的美术作业完成得太糟了，我不想交给老师。"

母亲："我理解你为什么会感到烦恼，因为你真的希望这幅画看起来更逼真，而且你对作业的态度很认真。你也一直在很努力地完成作业，并且希望老师能够明白这一点。"（言语表达）

孩子："是的，我只是不知道是否应该花时间重新画这幅作业，还是不管怎样先交上去？"

母亲："亲爱的，我相信你。我觉得你会做出正确的选择。无论你选择哪种方式，我都相信会有好的结果。"（情感支持：传达对孩子的坚定信心）

孩子："不，妈妈！我不知道该怎么做！"

母亲："你看这样好不好，我给你半个小时，你可以重新画一下部分细节。半小时后，你就按时睡觉。当剩下十分钟的时候，我会提醒你。"（行动支持：提供解决问题的思路，并规定就寝时间）

孩子："好的，但在开始计时之前，再给我五分钟做下准备。"

你还可以通过下面列举的方式，向孩子提供情感支持和行动支持：

情感支持的方法

- 用语言或肢体上的关爱来表达慰藉（"过来，给你一个抱抱"）
- 表示安抚（"我相信一切都会好起来的"）
- 表达接纳和不带主观评判的态度（"有这种感受再正常不过了"）
- 表达共同面对和随时陪伴的态度（"我们一起面对""我会陪在你身边"）
- 表达对孩子个人及其能力和善良本意的认可或信任（"我相信你能渡过难关"）
- 与孩子分享快乐（"哇哦，这也太赞了吧"）
- 给孩子留出空间（可以是物理或心理上的空间，并且有时间限制）；明确告知孩子再次沟通的计划（"要不你自己先待一会儿，五分钟后我再来找你"）

行动支持的方法

- 将孩子的注意力转移到其他的念头或事情上（例如：打游戏、运动、听音乐）

- 手把手教孩子练习沟通和社交技能（例如：教孩子如何变得自信）
- 手把手教孩子练习正念、自我关怀和放松身心的技巧（例如：观察房间里的红色物体；告诉孩子每个人都会遇到艰难的时刻；腹式呼吸）
- 帮助孩子直面恐惧（例如：以循序渐进的方式做困难的事情，一步步适应那些会引起焦虑的事物或场景）
- 使用积极的强化手段（例如：对孩子可取的行为进行表扬或奖励）
- 帮助孩子展开头脑风暴，想出解决问题的办法（例如：轮流提出可行的方法）
- 提供解决实际问题的方法，或者直接着手处理问题（例如：告诉孩子这个问题需要大人的帮助才能解决）
- 提供一些选择或适当地帮助孩子把控局面（例如：帮助孩子排除不可行的办法，缩小可选择的范围）
- 定下规矩（例如：明确告知孩子自己的期望或要求）
- 只需陪在孩子身边，让情绪自然流露

好了，我们来总结一下已经介绍了哪些内容。当你把孩子的想法或情绪用语言表达出来的时候，你就好比他内心世界的一面镜子，反映出孩子情绪背后各种可能性中所包含的善良本意。这样做有助于孩子摆脱情绪困境，或至少让他更愿意变通。一旦孩子打开了心扉，你就需要进一步提供情感和行动支持。

再次重申，言语表达和付诸行动这两个步骤的先后顺序至关重要，因为按照我们说的顺序来做的话，这两个步骤所发挥的作用是相辅相成的。还有一点要重申，尽管这个沟通模式不是解决问题的最佳方法，但通常比你直接向孩子提供情感或行动支持（诸如安抚、转换角度或定下规矩等）要有效得多。可以阅读下面两个场景（图 2.3 和图 2.4），看看你能否感受到其中的差别。

图 2.3 下意识的反应

是时候融会贯通了

以上场景中的这些对话,是否听起来不太像你平时能说出口的话?希望你不会因此放弃阅读本书。我们会提供一些思路,但同时也请你注意调整自己的语言和表达方式,使得这些方法对你和孩子都更加有效。

本书中,我们也会提供大量的练习机会,帮助你找到最适合自己的沟通版本。从某种程度上说,我们承认这些回应方式只是断章取义,可能并不完全符合实际,但我们想要与你分享的是,许多故事中的父母起初也深深地怀疑这一沟通模式的有效性，却仍然下定决心按照模式中的步骤做，之后发生的变化令他们惊喜不已。人与人之间关系的建立没有什么立竿见影的捷径，本书介绍的表述结构也不是百分百有效的灵丹妙药，但的确更有可能改善你与孩子之间的关系，提升为人父母的幸福感。

看到这里，你是否觉得信息量太大？那就忘掉我们以上分享的所有内容。现在，你只需记住：搭建一座桥梁，说出孩子内心的想法和感受，这么做所产生的效果就和深呼吸一样，能够让孩子的身心平静下来。不管是多大的孩子，一旦得到认可，就能更清晰地进行思考，更有效地解决问题，并能更主动地配合他人。有些孩子在接受情感或行动支持前，可能需要相当于一到两次深呼吸般的"认可"，还有些孩子可能需要更多"认可"，但这个过程本身是具有普遍性的。

图 2.4 认可与支持

第三章　潜在障碍

也许你觉得这样的沟通模式很有道理，想要立刻跳到后面的章节一试身手。又或许你在读完前两章的内容后心想"这些建议读起来固然不错，但你又没见过我的孩子"，或者"这听起来就不像是我会说的话"，抑或"我不敢确定这是不是一个好主意"。不管你此时此刻是怎么想的，我们都希望你能继续读下去，因为我们会讨论你在阅读过程中以及尝试使用书中的新策略时常见的错误反应。在本章中，我们会关注一些最常见的错误，在后续每个场景章节中"常见误区与迷思"的部分，我们还会谈及其他的错误反应。

父母在使用这个沟通模式时，最常见的顾虑包括以下几点：

1. 关注孩子的负面情绪和行为，难道不会反过来强化这些情绪和行为吗？
2. 当遇到问题或孩子难过的时候，难道我不应该首先找到解决办法吗？
3. 我每天忙得团团转，实在没有工夫在孩子难过的时候每次都与他进行深入沟通。

父母的这些顾虑完全可以理解。正因为心里有这些顾虑，他们的下意识反应才显得合情合理，因为通常父母的目标就是要尽快伸出援手干预孩子的负面情绪或行为。乍看之下，下意识反应的确解决了刚才列出的三大顾虑。因此，我们有必要先研究一下本能反应背后的逻辑，然后再请你开始尝试一些不同的做法。

当孩子情绪激动的时候

初为父母的时候，各种情绪蜂拥而至，令你无所适从、猝不及防。你会出于本能保护孩子免受伤害，尽一切努力来确保他们安然无恙。或许你还记得孩子第一次受伤或生病的情形（即便只是小感冒），你唯一的希望就是他们能尽快康复。当孩子陷入痛苦的情绪时，情况也差不多如此。

看一下这个例子：孩子放学一回到家就号啕大哭："我是个废物，没有人喜欢我。"你的下意识反应会是什么？多半是这样的："不，才不是呢——你最棒了！"或是"你为什么会这么想呢？"又或是"别管他们怎么说——他们只是嫉妒你罢了！"所有的这些下意识反应都很正常。作为父母，还有什么事情比看到孩子伤心难过更让人煎熬的呢？要是我们不知道该怎么做才能解决孩子的问题时，情况就变得更糟糕了。我们只想让这一切尽快结束。

再来看另外一个例子：这一次孩子并不是感到伤心或发愁，而是表现出愤怒或抵触。如果你的宝贝孩子对你说："我讨厌你！你什么都不懂！"你的第一反应是什么？对大多数人而言，答案可能类似于"不许这样对我说话"，或是"回你的房间去"。这样的回应都很自然。在这种情况下，我们首先关注的不是如何帮助孩子减轻痛苦，而是"让这一切尽快结束"。我们不希望任由孩子的无礼或怒气继续发展下去，甚至失控。我们希望将问题扼杀在萌芽状态，使得孩子能够成长为彬彬有礼的社会人。

问题在于，神经科学方面的最新研究表明，这些传统的方法并不总是奏效。与其试图平息风暴，不如陪在孩子身边，帮助他们走出情绪困境，这样会更有效。事实上，过于频繁地打断情绪只会适得其反，不利于培养孩子在情绪调节方面的自我效能感。自我效能感是一个心理学术语，是指一个人所具备的管理压力与焦虑的信心和技能，它与个人今后能否取得各种积极的成果存在密切关联。换言之，我们不是想让孩子的情绪变得更好，而是想让孩子在情绪管理方面做得更好——能够更加自信、自如地体会自己的情绪，从而建立起更健康的情绪应对技能，而不是只为了让自己不难过，选择不健康的应对策略。

那么，为什么我们的下意识反应总是只想让这一切尽快结束呢？

我们的大脑与孩子存在天然的纽带

当孩子感到痛苦时，父母也会感同身受。神经科学领域的研究越来越证明了这一点。试想一下，当孩子不小心割破手指的时候，你也会立马感到心如刀割。这是一瞬间的本能反应，你都来不及理智地思考，甚至都来不及担心。这究竟是怎么发生的呢？

事实证明，人类天生具有同理心，即理解他人并感同身受的能力。一些有趣的研究也证实了这一点，神经科学家塔尼亚·辛格（Tania Singer）和她的同事通过大脑扫描（功能性核磁共振成像）来探究当人们旁观自己的亲人遭受痛苦时会发生什么。研究表明，仅仅是目睹亲人的痛苦就会激活观察者大脑中产生这些相同感受的区域。好比大脑中有一面镜子，能够反映出他人的痛苦。

你可能听说过镜像神经元系统，这是当人们观察他人的行为或情绪时会激活的脑细胞。因此不难解释为什么几个月大的婴儿看到另一个婴儿大哭时也会大哭，或者为什么有人对我们微笑时，我们也会不自觉地报以微笑。换言之，这些神经元"镜像"反映了他人的感受，就好像观察者本身就产生了这样的感受。

镜像神经元反应的强弱程度似乎与我们和对方的情感亲密程度相关。想象一下，如果你听说同事中的一个熟人受伤了，你会是什么感受？现在，再想象这事发生在你隔壁邻居身上，你又会是什么感受？如果是发生在你的姐妹或伴侣身上呢？或者最坏的结果是，发生在你孩子身上会怎样？

做这样的假设是很残忍的，但这样做是为了说明，孩子的痛苦让父母所产生的身体和情绪反应比其他人要强烈得多。这可能是因为我们非常爱自己的孩子，或认为他们很容易受到伤害；也可能是因为有了孩子之后，我们的大脑确实变得更懂得照顾他人，特别是照顾自己的孩子。这就难怪我们总是试图向孩子展现事情阳光的一面，或是用打岔的方法让他们转变想法、转换情绪或改变行为。当孩子感到痛苦时，我们也会感到痛苦；当孩子重新喜笑颜开时，我们也会感到如释重负——一切都是为了他们，也是为了我们自己。

露西有个六岁的儿子叫奥利弗，他一向有点腼腆。他对幼儿园的新生活适应得还不错。但入园半年后，奥利弗的老师去休假了，奥利弗每天早上都哭闹着不肯去幼儿园。客观来说，露西很清楚新来的老师也很棒，奥利弗应该可以很快适应，但是每天早上，当奥利弗开始大哭大闹时，露西就感觉到自己的心跳加快，肌肉绷紧。一段时间以后，她开始时刻防备奥利弗的情绪反应。

为什么露西会对儿子的痛苦有如此强烈的反应？

简而言之，这就是人类与生俱来的警报系统。我们的祖先需要在各种情况下都能保护和照顾好自己的孩子。婴儿和幼童是无法在野外独立生存的，所以父母身上必须存在保护孩子的本能。婴儿和幼童也缺乏沟通问题的语言技能，但他们的肢体语言、哭声和面部表情都提供了线索。因此，当孩子哪怕只是发出了最微小的"求救"信号时，我们也会尽可能地做出回应。

我们都想当"模范"家长

珍娜在市中心的一家社区做兼职社工，同时也是两个孩子的养母。她自认为是一个富有同情心和责任感的人，也努力想成为一名富有爱心的好母亲。在养女克洛伊三岁生日的那天，珍娜决定带她去玩具店挑一份生日礼物。当她们走在过道上的时候，珍娜欣喜地看到克洛伊的脸上洋溢着笑容和抑制不住的激动。克洛伊走到一排毛绒玩具面前，眼睛睁得大大的，从货架上抓起三只动物，紧紧地攥着，说："我想要这些！"珍娜望着克洛伊的小脸和她手中的玩具，陷入了两难：她是应该为了让克洛伊高兴而买下这三件礼物，尽管她原本只打算买一件，还是应该拒绝克洛伊的要求，甚至不惜冒着让她在生日当天闹脾气的风险？要知道，这个可怜的小女孩小小年纪已经遭受了这么多不幸。

正当珍娜犹豫的时候，一位年长的妇女从她身边经过。珍娜下定决心要坚持自己的原则，并尽量避免直接说"不"。她说："选一个你最喜欢的玩具，把另外两个留在这里和他们的朋友一起玩，好不好？"可是，克洛伊并不上当，她尖叫起来："我才不！我想要所有的玩具！"此时，珍娜敏锐地察觉身边年长的妇女似乎正向她投来不赞许的目光，这让她很不自在。现在她觉得压力更大了，不知道下一步该怎么做。

我们都想尽力而为，没有人一开始就打算做不称职的父母。尽管如此，我们都摆脱不了各种不安全感，也都希望能够避免尴尬的情况发生。我们身处的社会大环境对父母的指责和羞辱随处可见，从社交媒体、职场到妈妈群，无处不在，可悲的是还有我们自己的家人。甚至有一种不成文的观点，认为孩子遇到不好的事情都是父母的错，包括孩子表现出来的"负面"情绪也是如此。就连我们自己的内心也会冒出这种自责的声音。对此，所有人都心照不宣。

出于这些原因，身为父母的我们会主动去压制孩子的悲伤或愤怒情绪，尤其是在公共场合或在家人、朋友面前。作为心理专家,我们当然特别理解上述小故事中反映的两难境地。在出去逛商场或吃饭时,我们的头号噩梦就是在和家人闹得不可开交的时候撞见客户或同事!我们可是专业的心理学家呢!但可以明确告诉你——只要关起家门,我们就是和你一样的普通人。

我们不希望让孩子变得软弱或自以为是

对于应该如何回应孩子的感受,我们听到的一个比较普遍的担忧是,当周围的环境越发严苛的时候,软弱的个性对孩子没什么好处。毕竟,孩子的辅导老师、教授、老板都不会认同他们的感受。因为现实生活就是很残酷的。而如果我们在孩子做错事的当下就关注他们的感受,又难免会担心孩子只是在为自己的不当行为辩解。他们应该学会明辨是非,并学会在公共场合举止得当。这些理由听起来很耳熟吧?

我们完全赞同这样的观点:孩子需要培养适应力,这样他们才能从容应对今后人生中的各种逆境。我们也认同,父母应该教导孩子明辨是非。但从研究结果及个人经验中我们了解到,孩子发脾气的时候往往听不进父母的教诲。通常情况下,如果不解决孩子的情绪问题就直接给予他们惩罚,并不会让孩子转变内心想法,今后自觉改正,相反只会让孩子学会如何躲避惩罚,还会加深孩子与父母之间的隔阂。我们的同事丹尼尔·西格尔博士认为,有效沟通的最高境界是打开孩子的心扉,让他们愿意接受父母的指导和帮助,并发自内心地愿意做正确的事情。我们也很赞同这一点。换言之,当我们能与孩子在情感层面建立有效沟通,其产生的结果对孩子有更深刻的意义。

说到亲子之间的相处,过去几十年的研究结果表明,那些在成长过程中经常和父母讨论交流情绪的孩子更容易学会如何管理情绪,在学习成绩、社交技能、身体健康等多个方面也表现得更出色。这些孩子总体上也更少受到"负面"情绪的困扰，有更高的自我价值感，也养成了更独立自主的能力。这样的亲子关系好比给孩子穿上了一副盔甲，帮助他们更好地对抗内心和外界的逆境。当我们能理解孩子的想法和情绪，并和他们一起厘清头绪时，孩子也就能更好地与他人相处。这是一个两全其美的结果。

我们不希望让孩子更难过

社会上有一种很普遍的看法，即认为一旦陷入某种情绪，就会导致情绪越发加剧，直至崩溃。因此，如果我们认可孩子的痛苦感受，就会加剧这种感受，直至泛滥。实话说，这种看法也有一定的道理。当孩子的嘴唇在颤抖、泪水在眼眶里打转时，如果你注意到他很难过并试图安慰，孩子很有可能会号啕大哭起来。

情绪犹如潮水，涌起之后又会退去。这就是情绪的本质。但其实，当我们认可孩子的情绪或支持他们表达内心真实的需求时，孩子并不会陷入无止境的情绪旋涡之中。相反，当人们试图抗拒或否定情绪的时候，往往更有可能陷入情绪不可自拔。著名的心理学家卡尔·荣格认为："你所反抗的情绪不仅会持续存在，而且会变得越来越强大。"

开个玩笑（先声明一下：我们对玩笑的定义有点书呆子气），请试想一下，你刚丢了工作，向闺蜜倾诉自己有多难过的时候，她却脱口而出，"哦，没事啦。去喝杯拿铁怎么样？"虽然这个例子不太妥当，但不难想象，你听了这句话后仍然会感到非常难过。这就是孩子可能会有的感受，当他们的心情很低落，而我们却试图将问题轻描淡写，立马进行安抚，或转变话题时，孩子的情绪依然不会得到缓解。反之，如果我们可以和孩子一起聊聊困扰他们的痛苦情绪，他们会更加感受到被倾听和理解，从而能够更好地驾驭情绪的浪潮。

不管事情大小，请认真倾听孩子想告诉你的每件事情。如果在孩子小的时候，你不屑于听那些小事，那么当孩子长大了，他们也不会告诉你那些大事。因为他们想说的所有事情，对他们而言都是大事。

——凯瑟琳·M. 华莱士

孩子的痛苦戳到了父母的痛处（有时简直扎心）

如果你小时候很难交到朋友，那么当孩子遇到社交困难的时候，你可能很难做出恰当的情绪回应。换言之，当孩子的痛苦让我们想起自己的痛苦时，我们就会受到两次伤害：一次是为现在的孩子，一次是为过去的自己。

如果童年时有过一次特别深的伤害，我们可能都意识不到自己至今仍受其后遗症的影响，因为大脑的记忆会偷偷地用这种方式让我们忘记痛苦的感受。因此，你需要鼓起勇气问问自己：如果和孩子相处的某个场景多次令你感到不知所措，或每每以失败告终，会不会是它打开了埋藏在你大脑深处来自过去的一个潘多拉魔盒？这些痛苦通常与我们自己的父母和家人有关，或是与我们小时候遭遇的事情有关。当然，自觉地意识到这类特殊的情绪引爆点是很有益处的，这种自我觉察有助于你更好地运用后续章节里讨论到的一些策略和方法。

我们没有时间好好沟通

我们整天忙于生计，有许多重要的事情要办，或不得不四处奔波。很多令人崩溃的事情就偏偏发生在这类最坏的时机。你越是感到仓促，事情似乎就变得越糟糕。我们总是对自己说："我没时间做这件事！"在这种情况下，我们通常不太会在孩子的教育问题上感到无助或担心，更多的往往是不耐烦和沮丧。

当孩子情绪爆发背后的原因似乎并没有什么道理可言，比如四岁的孩子因为"内衣不舒服"而拒绝穿衣服，或是十二岁的孩子因为"老师是个笨蛋"而不肯做作业时，我们就更不耐烦、更沮丧了。我们越是觉得时间匆忙，就越有可能歇斯底里，一遍遍地重复同样的指令，催促孩子行动起来："快点，该穿衣服了！求求你们啦……小鬼们！该穿衣服了……嘿，听到没！我说该穿衣服了……穿衣服！！就现在！！"

出发前三十分钟孩子的模样

出发前两分钟孩子的模样

你多半会认为，只要经常使用这种不断重复的策略，孩子迟早会听话的。遗憾的是——其实都不用我们说你也知道——这样做往往欲速则不达，局面只会随着你威吓孩子不听话的各种后果而不断升级。当孩子深陷情绪旋涡，这样的策略难免会使情况进一步恶化。因此，如果不解决表象背后存在的深层次问题，到头来你只会耗费更多的时间。

如果你发现迫于时间压力，与孩子的沟通过程经常会陷入无用的循环重复，不妨尝试一下我们介绍的这种方法，看看是否真的可以为你节省时间，或者至少可以缓解紧张的家庭关系，并且解决实际问题。

请问问自己：你准备在孩子身上花多少时间来避免他们情绪崩溃，或提高他们的配合度？希望你能花几分钟试试看新的沟通方式——这样做既是为孩子好，也是为你自己好！

我们已经习惯成自然了

你一定还记得，当孩子年纪很小，刚刚学走路时，只要能让她不哭，你什么都愿意做——甚至包括跳一段傻里傻气的舞蹈。这实际上是一种文化现象。就是这么简单。当孩子陷入情绪困境时——也就是当他们感到难过、生气或害怕的时候，父母常常会想尽办法化解孩子的痛苦，甚至会努力说服孩子不应该产生这样的情绪："不要难过了——这不是什么大不了的事。""你只是饿了（或累了）。"

为什么？因为我们小时候就是这么被教导的，一代又一代，都是如此。

我们也习惯于充当"化解问题的高手"。如果孩子伤得很严重，需要缝针，我们会毫不犹豫地给他包扎。解决这个问题所需的行动简单明确。同样，对于情绪创伤和烦恼，我们也已经习惯于采取行动（不要杵在那里，好歹做点什么），反而不太愿意好好学习如何安慰他人的情绪。父母常常觉得，光是坐在那儿听着或说上几句话是没用的，如果没有实际行动，就帮不上孩子什么忙。然而，孩子真的很需要我们把注意力集中在他们身上。他们非常渴望父母的陪伴和用心倾听，这远比任何解决问题的实际建议来得重要。

更麻烦的是，尽管所有的情绪都有生物学意义上的功能，但我们已经习惯于将它们归为"坏情绪"和"好情绪"，因此，痛苦和快乐的情绪对大多数人来说是势不两立的。社会上对快乐的"孜孜追求"也会让父母背负很大的压力，逼迫他们要"培养快乐的孩子"。如果快乐的定义就是没有痛苦，那么我们当然希望让孩子的不安情绪尽快消失。举个例子，当你第一次带孩子去看牙医的时候，你会本能地安抚他："别担心，没事的。"或者在手术过程中安慰他："马上就好了！"我们所做的一切努力，背后都包含了希望孩子不要担心、不要受伤的基本心愿。情绪痛苦也是如此。如果女儿放学回家后向你哭诉课间休息时没有人和她玩，或是朋友在社交媒体上用很难听的话骂她，你会不惜一切代价想要消除这种伤害。你不希望她伤心，你希望她快乐，而我们一直被教导的就是：从伤心到快乐，最常用的办法就是安抚、转移注意力和解决实际问题。

闭上眼睛，好好想象一下你在孩童或青少年时期被排挤的感受。回想一下当时有哪些人跟你说了什么，以及你的感受如何。

现在，想象一下你终于有机会和你信赖的家长沟通了，向她倾诉被孤立的感觉有多糟糕。她的回答却是"我肯定他们不是故意的"，或"能和你在一起玩的人多幸运啊"。听了这些话，你会感觉好受一点吗？即便真的好受一点，这种感觉多半也只是暂时的。毫无疑问，安抚可以带来短暂的情绪缓解，但如果只有这一种应对策略，孩子可能会觉得在痛苦中孤立无援，或是产生这样的印象，即大人并不能真正对他们的痛苦"感同身受"。如果说有什么事情是比在学校里被人孤立更糟糕的，那就是这种糟糕的感受无人可倾诉。

要认识到童年经历是如何塑造了你的回应模式，请思考以下问题：

在成长过程中，父母最忌讳我流露出哪些情绪？

焦虑　悲伤　尴尬　愤怒　其他：＿＿＿＿＿＿＿

我是如何应对焦虑的？在成长过程中，我从长辈那里得到了什么样的支持？
_____
_____
_____

我是如何应对悲伤的？在成长过程中，我从长辈那里得到了什么样的支持？
_____
_____
_____

我是如何应对尴尬的？在成长过程中，我从长辈那里得到了什么样的支持？
_____
_____
_____

我是如何应对愤怒的？在成长过程中，我从长辈那里得到了什么样的支持？
_____
_____
_____

这些经历对我安抚孩子的_____情绪有什么影响？

焦虑：
_____
_____
_____

悲伤：
_____

尴尬：

愤怒：

其他：

对抗性条件作用[1]：反其道而行之，共同穿越情绪风暴

在最理想的情况下，孩子会用爱和感激之情来回应父母新的沟通方式。你会在几秒钟之内就目睹具有镇定作用的神经化学物质所带来的神奇效果。然而，当

---

1 对抗性条件作用是指通过强化不相容的或对抗性的反应以削弱或消除不良行为习惯的过程。美国行为主义心理学家格思里首先利用对抗性条件作用的原理解释联想的干扰、遗忘和习惯的破坏。

孩子情绪失控、行为过激的时候，你可能会觉得自己在与一场飓风对抗。他们可能真的会原地团团转、大哭大喊，完全失去理智。我们常常对年龄大一点的孩子抱有更大的期望，因为他们看起来更善于自我管理，但实际上他们也会无法控制情绪。他们可能会说脏话、钻牛角尖、拒绝配合，表现得很讨人嫌。但越是在这种时候，孩子越是需要父母来帮助他们穿越情绪风暴。一位少女这样描述：她感觉自己被淹没在"情绪旋涡"之中。她知道情绪背后隐藏着更大的问题，但不知道问题是什么，更不知道应该如何解决。毕竟负责调节情绪的大脑结构要到孩子成年后才完全发育成熟，而即便如此，管理情绪的能力也需要通过大脑各个区域的共同调控和自身的不断练习才能提高。对有些孩子来说，情况更是如此。

这就意味着，尽管我们都想避免痛苦和烦恼，但摆脱情绪的唯一途径就是直面情绪。如果我们一味地回避情绪，久而久之，情绪会积压起来，或是以其他方式表现出来，例如攻击性行为、网络成瘾或暴饮暴食等。在某些情况下，压抑情绪还会催生严重的心理问题，例如药物滥用和自残。相反，如果我们能与情绪和平共处，就会发现情绪终将过去，我们也会对今后更好地管理情绪充满信心。

我们建议你可以使用本书中的沟通模式，和孩子一起学习如何应对自己的情绪。这套方法大多数时候都易于使用，但也需要不断地练习、练习、再练习。当你发现方法"完全不好使"，甚至忍不住要质疑"你们确定自己是心理医生吗"时，那么第四章的内容会对你尤为有用。

所以，既然我们已经决定反其道而行之，不再按照社会传统和代际流传下来的模式回避情绪，就需要调整心态做好准备。具体应该怎么做呢？玛雅·安吉罗的回答最为精彩：

抱最好的希望，做最坏的打算，对任何可能出现的结果都不感到意外。

第四章　贵在坚持

毫不夸张地说，养育孩子可能是世界上最辛苦的工作了。在遭遇令人抓狂的家庭教育危机时，像大多数父母和家长一样，你才不会在意这也可能是最有意义的工作呢！当我们感到心力交瘁、疲惫不堪，或单纯心情欠佳时，往往会情绪失控，说出事后懊悔不已的话，或做出以后追悔莫及的事情。

好在我们可以通过检视自我，利用神经反应系统，提高情绪管理的能力，斟酌该说什么、该做什么。在本章之后，我们终于要进入本书的主体部分了，教你如何应对各种场景下的家庭教育难题。要做到这点，你必须先让自己充分冷静下来，倒不是说一定要达到内心平和的状态，而是要保持必要的冷静。因为如果心态临近崩溃，即便你勉强自己使用本书中推荐的一些言语表达方式，也很难达到预期效果。

我们深知，不可能要求你始终保持头脑冷静。当孩子做了一些令人非常恼火的事情，而父母却强装镇定，反而会让他们觉得很奇怪。换句话说，有情绪反应是正常的！关键在于，在确定这种情绪反应是发自内心的同时，最好不要让孩子的情绪进一步升级，或破坏到你们之间的关系。同理，你并不需要做到完美，也不可能做到完美。虽说你总有办法弥补情绪失控的后果，但我们想帮助你尽量一开始就做到有效沟通。

那么，在面对歇斯底里闹脾气的孩子时，该如何把握沟通的度呢？本章回顾了一些最新和常见的方法，这些方法可以帮助你在快要爆发时，重新集中注意力或调整心态。我们还将重点介绍一些从个人经验、客户案例及相关研究中归纳出来的建议，它们对解决家庭教育难题非常有效。

呼吸是大脑的遥控器

呼吸的作用其实被严重低估了。在鸡飞狗跳的抓狂时刻，只要简单地做几下深呼吸，就有助于我们恢复理智、厘清头绪。其中的原理是什么呢？科学家们发现，呼吸就好比神经系统的遥控器。如果你连续快速地浅呼吸，交感神经系统就会像面临危险一样立即启动。同理，如果你用鼻子缓慢地深深吸气，就会激活副交感神经系统，这个系统负责让身体恢复到初始状态。一旦神经系统镇静下来，大脑也会冷静下来，使我们重新获得之前被压力所遏制的理性思考能力。你可以随时随地、不限场合地使用这种技巧，还没有任何副作用。

平复情绪的呼吸小练习

1. 腹式呼吸

（1）将一只手放在胸口，另一只手放在腹部。这样，你在呼吸时就可以感觉到横膈膜在移动。

（2）用鼻子慢慢吸气，使你的上腹部贴着你的手向外鼓起。

（3）用嘴慢慢呼气，同时保持嘴唇微微张开，以便听到呼气声音。

（4）重复上述步骤，直到你感觉平静下来。

2. 呼吸计数

（1）吸气，数到三。

（2）屏住呼吸，数到三。

（3）呼气，数到三。

（4）重复上述步骤，直到你感觉平静下来。

你可以在与孩子交流之前，也可以在火冒三丈的时候运用这些技巧。当然，在吵得面红耳赤或孩子大闹脾气时，停下来做深呼吸练习也许显得有点奇怪或不合时宜，但这样做会大大减少冲动的下意识反应，而且你还会受益于镜像神经元的作用，因为孩子看到你恢复冷静，也会有样学样冷静下来。

困境中的自我关怀

在做深呼吸练习的同时，还是要尽量察觉到孩子很难过，你同样也很难过。提醒自己，在这种情况下感到难过是人之常情，好多父母都会有同样的感受，在某种程度上孩子有这样的感受也是合情合理的。如果你觉得有必要的话，大可以坦然地承认你内心的"父母警报"正在响起。甚至也可以识别出触发警报的常见原因，比如我们在第三章中提到的那些因素。

当然，你可能一时还无法解读伴随内心警报而产生的各种感觉、情绪或想法，没关系，你可以待情绪风暴平息后再进行反思。然而在风暴来临的当下，你需要按下暂停键，认识到你和孩子正身处困境，你也正在竭尽所能地帮助孩子摆脱困境。通过这种方式与孩子沟通，有助于你们更好地站稳脚跟。

克里斯汀·内夫博士是一位孤独症儿童的母亲，也是自我关怀领域的一名权威专家。她设计了一种简单的练习方法，叫作"自我关怀时刻"。我们发现，在碰到挑战时，这种方法对父母和家长非常奏效。

克里斯汀·内夫博士的"自我关怀时刻"

首先，你要告诉自己：

1. 当下是令人痛苦的

这是正念的思考方式。其他类似的说法包括：

好痛苦。

真伤心。

压力很大。

2. 痛苦是生活的一部分

这是人类的共性。其他类似的说法包括：

其他人也会有这种感觉。

并不是只有我一个人在受苦。

每个人都活得不容易。

现在，把双手放在胸口，感受手的温度和温柔的触感。你也可以用其他适合自己的触摸方式来达到安抚的效果。

然后，告诉自己——

3. 愿我善待自己

你也可以问自己此刻最渴望听到怎样的话来表达对自己的善意？

比方说：

愿我给予自己所需要的关怀。

愿我学会接受自己本来的样子。

愿我原谅自己。

愿我变得坚强。

愿我变得有耐心。

这一练习可以在一天中的任何时候使用，提醒你在最需要自我关怀的时候能记起以上三点。

让自己暂时置身事外

深呼吸或自我关怀未必总是对所有人都奏效。对有些人来说，把注意力转到自身之外的事物上，以全新的视角和更平和的身心状态来重新关注问题，会更有帮助。使用六种感官中的任何一种——视觉、听觉、味觉、嗅觉、触觉或身体的知觉——也可以帮助你"按下重启键"。

感官复位

1. 环顾室内的物体，注意它们的颜色或形状，仔细观察一幅画或一盆植物。
2. 戴上耳机，听一段舒缓的音乐。

3. 细嚼慢咽地吃一个水果，好好留意它的香气、口感和味道。
4. 倒出几滴精油。简单的气味就能起到安抚的作用。
5. 抱住一个枕头，留意摸上去的手感。用肌肤感受织物的触感。
6. 伸展双臂举过头顶或转动手腕，把注意力放在自己的动作上。
7. 轻轻地捏一下手臂，或紧紧地抱住自己。

你也可以用这种方式将注意力集中在孩子身上，让自己在当下能够冷静下来。（当然我们不建议你把鼻子凑到孩子身上去闻！）花一点时间仔细观察孩子，就仿佛你之前从来没见过他。观察他的外貌、说话的语气，试着留意他在说什么，用心听他的措辞。这样做有助于你在与孩子僵持不下时仍能保持心平气和，也有助于你准备好再次沟通时想到新的解决思路。

向孩子袒露心声

虽然有些父母的情绪反应比他们原本想要表达的更为强烈，但往往更多父母会过于克制自己的感受。如果你总是在孩子面前努力表现得很坚强，为了不给孩子造成心理负担而把自己的真实情绪深深地隐藏起来，那么有时候多和孩子袒露一些心声反而会有好处。

我们推荐你这么做，当然不是期望孩子会反过来安慰你，或是让你把烦恼转嫁给孩子，但是明明有情绪却隐忍不发，只会让孩子觉得茫然不安（因为他们总会感觉到有什么事情不对劲），也会导致你内心的压力不断积攒。因此，不妨说一些简单而真诚的话，比如："我正在苦恼怎样才能帮到你"或是"我们之间的交流方式让我挺担心的"，这样的表述方式可以帮助你和孩子平复情绪。

好好休息片刻

虽然我们的确鼓励家长在孩子不高兴的时候尽可能地陪在他们身边，但有时候父母也需要一些属于自己的空间来平复情绪。理想的情况是，你已经给孩子打好了预防针，告诉他们爸爸妈妈有时候也需要休息片刻才能冷静下来。这样，当遇到这种情况时，孩子就有了心理准备，知道应该如何度过你"离开"的这段时间。

如果需要使用这种策略，也最好让孩子知道，过几分钟你就会回来和他再次沟通，这样孩子就不至于感到孤独和被冷落。即便如此，孩子仍然会对你要离开片刻这件事感到加倍不安，特别是年龄较小的孩子。因此，你需要意识到孩子有这种反应再正常不过了，并尽快让自己缓过来，好继续与孩子沟通。

如果是学龄前儿童，你可以这么说："妈妈/爸爸需要休息片刻冷静一下，这样才能更好地帮助你。我就在这里，哪儿也不去，不会走开的。"如果你要去其他房间，请记得不要把孩子锁在门外，因为这样孩子会对和父母分开感到恐慌。

如果是学龄儿童，你可以这么说："我现在需要休息一下，但还是会陪着你的，我只是需要静一静，理理思路，做做深呼吸，这样才能想到更好的方式帮助你。我们五分钟后再聊哦。"

根据孩子的个性特点，你也可以设置一个倒计时闹钟，帮助他们缓解等待的焦虑。最后，必须记住的一点是，在这些情况下，想要休息片刻的人是父母，但孩子不一定希望或需要这样的休息。因此，只有当你在孩子面前无法冷静下来而又别无选择的时候，这才是权宜之计。

如何知道自己需要休息片刻（甚至更久）？

1. 你和孩子来回争论，而且毫无进展。
2. 你觉得自己越来越沮丧（音量提高、肌肉紧绷、火气上蹿）或感到心力交瘁、无助甚至绝望。
3. 在你看来孩子就是故意要气你或刁难你。
4. 你难抑对孩子使用语言暴力或肢体伤害的冲动。
5. 在孩子情绪失控的时候，你开始与伴侣或家中其他长辈就孩子的情绪或行为问题争吵不休。
6. 你开始为孩子的消极情绪或行为自责或责备他人。

别以为孩子是故意针对你

当陷入情绪不可自拔时，小孩（和大人）往往都会把自己的痛苦归咎于他人，而不是反思自己。多数孩子通常还没有学会认识到，自己感到不开心并不是别人的过错导致的。也就是说，如果孩子情绪崩溃的时候大声喊道："我才不要你当我爸爸！"其实跟你做了什么或没做什么并不是百分百有关的。

关于这点，一项有趣的研究表明，当人们感到焦虑不安时，更有可能感情用事，把别人说的话当真。因为在这种状态下，大脑的神经系统会默认进入自我保护或防御模式，因此在刚才描述的情景中，你内心难免会产生一股冲动，想用某种防御或反击的手段进行回应。

在前面的章节中，我们已经解释了父母的大脑与孩子存在天然的纽带。这种纽带反过来也是成立的。孩子知道，在最爱他们的人面前，他们是最安全的，所以在父母面前，他们更容易放任自己的脾气，甚至用最伤人的话来责备父母。当孩子感到烦躁不安时，你也会感同身受。

这时，不妨试试"咒语"带来的精神力量。当我们被激怒且无法在短时间内平息情绪风暴的时候，默念"咒语"可以让我们及时走出困境。心灵导师埃克哈特·托利分享道："引起我们痛苦的并不是事情本身，而是我们对这件事的看法。"此时你可以默念的"咒语"包括："这与我无关，这与我无关"或"即使吵架，我们也深爱着对方；即使吵架，我们也深爱着对方"，或"她还只是个孩子，她还只是个孩子"。这些"咒语"足以令你平息怒火，以一种更加充满关爱和富有成效的心态面对现实。

打电话向朋友求助

这招可不只是很火的有奖问答游戏节目中才会用到的求助环节！毕竟，还有什么事情能比向好友倾诉更令人宽慰的呢？你可以向他们倾诉家庭生活如何变得一团糟，因为你心里很清楚，他们不会带着批评的眼光看待你，他们在和孩子相处的过程中也经历过类似或更糟糕的状况。

在吵得不可开交或气得原地爆炸时，你往往没有太多时间倒苦水，但抽出几分钟时间给伴侣、愿意帮忙的好友或家人发条短信或打个电话，不失为一种帮助你恢复理智的好方法。

调侃"痛并快乐着"的带娃生活

最后，即便处于生活的最低谷，有些人只要小憩片刻，看点令人开怀大笑的东西，就能重新变得元气满满。当诸事不顺的时候，你可能需要用点幽默的心态来看待眼下生活的一地鸡毛，学会苦中作乐。各大书店的书架上摆满了《我只想独自尿尿》和《没人告诉你的那点烂事》等调侃类书籍，不是没有道理的。

  多看看其他父母的故事，能让我们知道"大家都是难兄难弟"，也能让我们多少消消气。刷一部心头好的喜剧节目或情景喜剧，并不只是闲着没事干的消遣，因为笑是一剂良药。当疲惫不堪的一天终于尘埃落定，你兴许想写一写家里发生的事情。要知道，许多成功的家庭教育博客和书籍都源于某个孤独而无助的父母试图用点幽默感来度过这难熬的一天。

第二部分

这些时候该对孩子说什么

正如我们在前面说过的，这本书接下来的内容会围绕一系列的场景展开，我们会让你在这些场景中不断练习第一章和第二章所讲的应对框架。练习得越多，遇到问题时越能得心应手地处理，但是有一点是无可替代的，那就是你们要了解自己的孩子。这也是我们提供这么多实用案例的原因，你们要设想怎样做才是对你和你的孩子最好的，这一点至关重要。一旦你对基本观点有所了解后，我们就鼓励你对模式进行调整，使它更加契合你的孩子的需求，同时也和你独特的个人风格相契合。

正式开始之前，还有几点需要大家认真考虑一下。在过去这么多年里市面上出版了成千上万的家庭教育类书籍，这些书大致可以归为两类：管理行为的或者处理情绪的。只关注情绪的话可能会导致父母和孩子陷入一种情感死循环，就像坐旋转木马一样一直在原地打转；只关注行为的话可能会导致误解和关系疏离。我们希望能将二者并重对待，因为它们都很重要。你要稍微思考一下，这二者中哪个是处在你的自然舒适区中的。如果你一向乐意学习实用的家庭教育策略，那么你可能需要格外注意一下搭建桥梁、情绪翻译和言语表达这几个部分，从而达到一种平衡。如果你觉得自己善于捕捉情绪，能比较容易地与孩子讨论他们的感受，那么你可能要把关注的重点放在联系实际以及设定界限上。

身为父母或者养育者，无论你的倾向与偏好是什么，有一点是普遍适用的：当孩子的基本需求得到满足时，他们会具有更强的灵活性和复原力。我们都知道，孩子疲惫、压力大或者饥饿的时候更容易突然崩溃。我们有时很容易忘记去观察评估孩子的"情感杯"状态。孩子与关爱他们的成年人进行感情联系,并由此来灌满自己的"情感杯"。获得这些感情联系的途径可能是拥抱、一起玩耍,或者是高质量的陪伴。如果这些方法很难或者几乎不可能灌满他们的"情感杯"(或许只是因为最近一段时间你不在孩子身边),那么也别太担心。接下来的这些例子会让你看到如何在琐碎的日常生活中,甚至是鸡飞狗跳的抓狂时刻,来注满孩子的"情感杯"。

现在,你准备好了吗?那我们就开始吧!

第五章 "我不想……"

我们先来看看这个场景，这可能是父母们最经常遇到的情况了：我们让孩子去做某件事，但是孩子迟迟没有给予积极回应。我们所提的要求往往是和孩子的日常生活紧密相关的事情，比如穿好衣服、吃饭、做作业、上床睡觉诸如此类。这些要求合情合理而且非常必要，因此当孩子不按我们说的去做时会让我们格外恼火。如果不想让事情又像以往一样陷入拉锯状态，我们需要尝试一些不同的应对方式。我们如何回应孩子的抗拒，可能会决定这场"对抗"的走向。

场景 A："我不想来吃饭"

在这个场景中，假想一下，你的孩子正和小区里的伙伴在外面玩。当你喊她回家吃饭时，她冲你大喊："我不想吃饭！我还不饿呢！"

下意识的反应

多数时候，家长或者养育者的第一反应可能是下面这样的：
"回来吧孩子，你可以晚点儿再出去接着玩。"
"我辛辛苦苦做了半天饭，快来吃吧！"
有时，尤其是在我们心情烦躁的时候，我们可能会说：
"真不听话！赶紧吃饭了！"

设想一下这个时刻，当孩子说"我不想来吃饭"时，你的第一反应会是什么？

第一步：搭建桥梁

假设你工作的环境是这样的：你是绝对的下属。你的意见很重要，但是最终一切还是你的上级说了算。他们来决定你什么时候必须工作，什么时候可以休息一会儿，甚至连你什么时候吃饭、吃点儿什么都是他们决定的。这么说吧，你很热爱你的工作，很多时候你也觉得你的老板很不错，但是你时不时也会感到郁闷，因为你没什么自主的余地，甚至无法掌控自己该如何扮演自己的角色。这个例子可以当作参考框架，来帮助我们回忆一下做孩子的感觉是什么样的，以及身为一个孩子每天面对来自成人的各种要求是什么样的感觉。和成人一样，孩子也想拥有一些自主权，这是正常的人类需求。我们肯定记得玩耍有多快乐！作为成人，我们也许已经不再拥有这种奢侈了，但玩耍是孩子的必需品。玩耍是他们的工作、他们的语言、他们的乐趣，并且也是他们成长与发展所必需的。

可能的情绪翻译

可能性A："我和朋友们玩得正开心呢！"

可能性B："我不想错过接下来的这个游戏！"

可能性C："我的肚子还没有饿到咕咕叫呢！"

翻译一下孩子的情绪：

※ 提醒：如果你正处在压力大、不开心或者烦躁的情绪中，那么进行这种

心灵体验练习对你来说可能是个挑战。你可以稍微休息一下或者做几次深呼吸，然后再开始进行头脑风暴，设想可能的情绪翻译，这样可能会更容易一些。

💬 第二步：言语表达

备选表达1："你和朋友玩得正高兴呢，所以不想来吃饭，我不怪你。"

备选表达2："在你心里，吃饭这件事儿这会儿肯定被排在最后一位，尤其是你们很快要开始玩一个新的游戏，你就更不想来吃饭了。"

备选表达3："我完全能理解，你肯定想一直和朋友玩，直到你们玩够了、肚子也特别饿了再回来吃饭。"

用你自己的话来说：

我可以想象你为什么不想来吃饭，因为_____，因为_____，还因为_____。

🤝 第三步：付诸行动

情感支持：孩子正在做着自己喜欢的事情，这时候被打断的话他们当然会感到生气恼怒，这再正常不过了。父母站在孩子的角度去考虑会更有利于处理好事情，这其中也包括承认孩子的失望与受挫情绪。孩子希望感受到父母对自己独立人格的尊重——认可他们是能够掌控自己的个体，承认他们能按照自己的意愿做出决定。将孩子的情绪感受用言语表达出来，会让孩子知道你是真的理解他们的，哪怕你依然是这个家庭中日程及规则的制定者。假如孩子担心自己错过了和朋友一起做某件事的机会，那么他也许需要你的安抚和保证——比方说，你们很快就能再次一起玩了。看上去很简单的一句话，但是当你说的时候语气认真诚恳，孩子在心理上就很容易接受。

行动支持：和"有趣"进行对抗是很难的。这就意味着，即使你用言语表达了孩子的感受，也做了安抚和承诺，但是对很多孩子来说，你仍然需要一再重申要求并设定清晰的时限。就算你使用上面所说的一系列步骤进行了回应，可能依然会听到孩子的嘟囔和抱怨，只不过他们更有可能会加快行动，气氛也不至于剑拔弩张。

下次叫孩子来吃饭时，你可以考虑提前十分钟就开始进行提醒，这样孩子会对即将到来的情况变化做些心理准备。有些孩子需要频繁的倒计时提醒，有些孩子则需要家长走到身边协助进行活动的切换。有可能的话，可以给孩子一点儿自主权，让他们对自己的日程安排有一点儿决定权。一旦大家都冷静下来，你可以心平气和地坐下来和孩子聊聊如何有效地帮助他们进行活动之间的转换，这也是一个和孩子共同解决问题的好机会。

对话范例："我不想来吃饭！"

父母："嗨，宝贝儿，你在看什么节目呢？"

孩子：（目不转睛地盯着屏幕）"《友爱的森林》。"

父母："演到哪儿了？狐狸弗里达看上去傻乎乎的。"

孩子："是呀，她在假装自己是一条狗，正在摇尾巴呢。"

父母："看来你真的很喜欢这个节目。我们快要吃饭了，十分钟后你得过来坐好准备吃饭。"

孩子：（语气饱含抱怨）"不！我要把这一集看完。"

父母："这个节目的确很好看，和狐狸弗里达比起来，意大利面肯定没那么有趣，对不对？"

孩子：（依然充满抱怨）"对呀，我想看看接下来会发生什么事儿，我要看看她为什么想当小狗。"

父母："你肯定能看到的！关掉电视去餐桌吃饭真的不容易，尤其是你现在很想知道后面会演什么！我敢说你肯定特别希望晚饭再晚一些开始。我就是来和你说一下，十分钟之后我再过来，如果到时候节目还没演完的话，我们可以先把节目暂停，等吃完饭你再过来接着把它看完。到时候你可以负责按暂停键，或者我来按也行。"

孩子："好吧，让我来按暂停键吧。"

父母："那就这么说定了！吃饭的时候我们可以猜猜看，为什么傻乎乎的狐狸想要假装自己是小狗。"

常见误区与迷思

1."这些事情不应该让我们一再提醒。"当你跟成年人说"时间到了该走了"，他们通常会开始穿鞋穿衣服准备出门（好吧，大多数时候是这样的）。而孩子们行动起来可就要慢多了。他们有时会因为某件事而分心，有时会卡在什么事情上停滞不前。孩子从一件事情切换到另一件事情上，的确需要消耗一定的认知弹性。大脑负责进行"任务切换"的区域在成年之前尚未发育成熟，因此这种转换困难的现象尤其明显。任务转换对有些孩子而言难度格外大，因为我们得考虑到孩子所处的发展阶段（而非实际年龄阶段）。如果接下来要做的事情对孩子而言没那么"有价值"的话，切换起来就更加不容易了。基于这些理由，当我们下达指令后，孩子表现出某种程度上的抵抗也是完全在意料之中的。当我们感到不受尊重、被冒犯时，父母和孩子可能就会陷入僵局，双方都会缺乏灵活与变通。此时，如果你能设想一下孩子只是在什么事情上卡壳了，而不是故意和你对着干，你就能找出创造性的方法帮助孩子顺利跨过关卡。

2."就让孩子磨蹭一会儿，这样可行吗？我不想当控制型父母。"有的父母自己是在纪律严明的环境中成长起来的，因此不想让孩子重复自己的经历。有的父母觉得孩子好不容易有点儿开心快乐的事情，不忍心让他们失望难过。如果对你而言让孩子晚一些再吃饭没什么大不了，完全可以接受的话，那当然不是问题。但是，如果孩子总是能拒绝父母的要求的话，可能会形成一种趋势：孩子享有一切事情的主控权。无论孩子表现出多么强烈的主导事情的意愿，他们其实都还是想要父母管着自己的，这样孩子才有安全感。父母完全撒手放任不管的话，孩子会感到焦虑不安。令人欣慰的是，一旦我们能站在孩子的角度理解他们的真实想法，在这个基础上去"管"他们，那么我们就不是在"控制"孩子，而是用一种支持性、帮助性的方式教育和引导孩子合理行事。

3. "我发现孩子的抵触行为主要和食物或者用餐时间有关。"恭喜你，发现真相了！很多时候孩子磨磨蹭蹭迟迟不肯去吃饭，主要原因就是还没有玩尽兴。有的孩子就算到了饭桌旁依然没法好好坐着，有的孩子对饭菜味道和口感挑三拣四，有的孩子对吃饭过程中的某个环节感到紧张不安，有的孩子可能担心自己的体型或体重。围绕这些问题，有研究显示 25% 的男孩和 30% 的女孩在十岁到十四岁之间会有节食行为，节食行为最早开始于八岁。在一些案例中，抗拒食物的行为会持续发生，对孩子的健康造成了严重的负面影响。节食带来的后果是进一步增加了体重管理的风险，甚至会导致进食障碍。不管孩子节食的潜在原因是什么，只要你担心孩子的饮食行为，那么建议你不要采用"再等等看"的观望态度，而是去约见医生寻求专业的意见，和医生讨论你所担心的问题。

自我反思

在类似的情境中，当我要用言语表述孩子的情绪感受时，遇到了什么困难？

在类似的情境中，当我要付诸行动时，难点是什么？

将来遇到类似的情境时，我应该如何更加自信地去应对？

场景 B："我不想睡觉"

睡觉时间到了，在一些家庭中，睡觉时间需要煞费苦心进行计划还得用上各种计策，而这一切只是为了避免到时功亏一篑。孩子们有成千上万个理由拒绝睡觉。他们可能怕黑，可能还沉浸在白天的活动中，或者他曾经因为睡觉而错过了什么事情。在这个场景中，当你告诉孩子睡觉时间到了，他们会大叫道："不！我不想睡觉！"

下意识的反应

多数时候，家长或者养育者的第一反应可能是下面这样的：
"很抱歉，孩子，现在已经到睡觉时间了。"
"宝贝儿，你已经很累了，需要好好睡一觉，这样身体才会健康。"
有时，尤其是在我们心情烦躁的时候，我们可能会说：
"五分钟之内你还不上床的话，明天就别想听故事或者看动画片了。"
设想一下这个时刻，当你的孩子说"我不想睡觉"时，你的第一反应会是什么？

第一步：搭建桥梁

我的孩子曾经跟我说："这太不公平了！小孩子要自己一个人睡觉，而爸爸妈妈总是一起睡在同一张床上！他们总能互相做伴！"他说得太对了，我以前都没有想到用这个思路来搭建桥梁通往"孩子岛"。小小的孩子在这个大大的世界中，和养育照料他的人待在一起会让他们感到很安全。我们很容易就把这种身为小孩子的感受给忘记了。天黑一点儿都不可怕！我们通常这样轻飘飘地安抚孩子，甚至还会失去耐心，我们这样做是因为我们的大脑已经发育成熟了。我们差不多已经忘记自己年幼时的感受了，一个人孤零零地躺在卧室里，而其他家人还在继续着各种活动。这种情况也会出现在兄弟姐妹之间。孩子们当然不明白兄弟姐妹有着不同的发展需求，所以他们会因为彼此之间的待遇不同而觉得很受伤害。

有些孩子则是太兴奋了不想睡觉。这些孩子精力充沛，都快到睡觉时间了还精神抖擞，看上去就像我们大人刚喝了大量咖啡时的样子。白天的兴奋劲头还没过去，哪怕身体已经很疲惫了，但是依然难以平静下来。孩子躺在床上可能会觉得紧张不安、身体不舒服或者很无聊，因此抗拒睡觉。

可能的情绪翻译

可能性 A："我害怕一个人睡在黑漆漆的房间里，但我不好意思承认！"

可能性 B："姐姐还没睡觉而我得去睡觉，这不公平！其他人都不用睡觉，只有我像个小宝宝一样要早早睡觉！"

可能性 C："我还一点儿也不困呢，现在就让我上床睡觉的话，我会觉得特别无聊的，而且睡不着躺在那儿也不舒服！"

翻译一下孩子的情绪：

💬 第二步：言语表达

备选表达 1："哦，我明白，你不想去睡觉。一个人在楼上睡觉让你感到有点儿害怕，这种感受的确不太好。"

备选表达 2："第一个去睡觉是有点儿困难。我知道你不想错过我们正在进行的活动。姐姐可以晚点儿睡，而你现在就得去睡觉，你觉得不公平。"

备选表达 3："你还这么精神呢，难怪你不想睡觉。现在让你睡觉的话，感觉就像是让你按下开关然后突然就得平静下来，可是你的身体还想继续蹦蹦跳跳。"

用你自己的话来说：

我可以想象你为什么不想睡觉，因为_____，因为_____，还因为_____。

🤝 第三步：付诸行动

情感支持：一般来说，睡前时间是和孩子增进感情的大好时机。专门为此留出一点儿时间对促进亲子感情大有帮助，大约十分钟的时间就可以，在这段时间里全身心投入孩子身上，就好像这个世界上对你来说唯一重要的人就是她。这种亲密的关系会成为亲子合作的"燃料"。在紧张忙碌的日常生活中想要抽出一点儿时间的确不容易，一旦你养成习惯，让这个亲子相处时间成为睡前例行程序中的一个环节，孩子很有可能会盼着快点儿上床躺下，或者至少没那么抗拒睡觉。如果家里不止一个孩子，也许做不到给每个孩子十分钟，那么两分钟的特别时间依然会有些作用。

对于害怕分离和怕黑的孩子，要让他们知道你相信他们有能力去应对。当你体会到他们的想法后，一个有用的办法是向他们做出保证和许诺：你的房间很安全，我离你很近，明天早上一醒来我就能看到你。但是有的时候这种承诺可能也会起到一些反作用。比方说，检查床底下有没有怪物，检查一次或许挺好玩也有些用处，但是一而再再而三地反复检查可能反而会增加恐惧。

对那些精力旺盛的孩子，或者担心错过什么有趣活动的孩子，需要向他们传达的是你已经了解他们的情况，或者知道他们在担心什么了，你可以向他们保证明天还有更多值得期待的事情。

行动支持：对所有孩子来说，建立固定的睡前程序并坚持执行是非常有用的。下面列出的是一些通用的原则：

1. 睡觉前一小时限制孩子对着屏幕的时间。

2. 每天晚上在固定的时间上床睡觉（理想的情况是周末也保持这个时间）。

3. 每天晚上进行相似的睡前程序（洗澡、换睡衣、刷牙、讲故事、拥抱等）。

4. 如果孩子感到孤单的话，使用一个具有特殊意义的物品（比方说小毯子、毛绒玩具）安抚孩子。

5. 在睡前程序中安排一些放松性的、集中精神的活动，数羊就是一种可以让活跃的大脑放松下来的办法。

6. 良好的睡眠对孩子和父母的身心健康都至关重要。如果孩子在情绪上或者行为上成了睡觉时间的掌控者，那就需要采取一些额外的措施了。具体内容请参看本书最后"推荐阅读"中有关睡眠的部分。

※ **提醒**：真诚是你的法宝。我们得感谢孩子大脑中的镜像神经元，孩子的大脑会证明你付出的努力都是发自真心的。无论你是怎样执行我们所建议的应对框架的，你的真诚都有助于孩子的大脑释放出具有镇定作用的神经化学物质。

对话范例:"我不想睡觉!"

父母:"宝贝儿,睡觉时间到了。去换睡衣,刷牙,我等下给你把被子盖好。"

孩子:"啊,我能过一会儿再睡吗?我们刚刚开始一局新的游戏。"

父母:"不行,宝贝儿,都八点多了。"

孩子:"你总是这样破坏我们的好兴致。我还一点儿都不累呢。"

父母:"你知道吗,你现在不想睡觉,我并不怪你。大人爱睡觉,但是很多孩子都不想因为早早睡觉而错过一些好玩的事情。而且明天开始又要上学了,孩子们就更不想放过今晚玩乐的机会了。"

孩子:"你说得太对了!那你为什么不能让我晚点儿再睡觉呢?"

父母:"真是抱歉呀,亲爱的。时间已经到了,我保证,明天让你多玩一会儿。"

孩子:(开始生气)"我就不想睡觉!"

父母:"我知道,所有事情都得按别人的要求去做的确很难,你一个人躺在床上会觉得孤单,尤其是你发现麦克斯还没睡,还和我们在一起,这可能会让你觉得自己还像个小小孩儿一样。明天晚饭后我们坐下来一起商量一下睡觉时间的问题。现在,我敢打赌,肯定是我最快跑到楼上的洗手间。"

孩子:"那得让我先跑!"

常见误区与迷思

1."孩子就是得去睡觉呀!"把这一条作为误区放在这里有些牵强,因为这是事实,一点儿也没说错。但是,如果你的孩子陷入了抗拒睡觉的恶性循环,那么他可能需要一些额外的支持来打破这个怪圈。也许你觉得孩子不该在睡觉这种事情上让父母花费这么多心力,也许你担心这样下去孩子会长时间地依赖你。请你相信我们,孩子们没打算带着安抚玩具去上大学,也不会一辈子让父母给他们盖被子。在世界上有些国家的文化中,父母一直都是和孩子睡在一起的,这种做法要比我们所认为的"正常睡法"存在的时间更加久远。为了安全,人类在进化过程中形成了睡在一起的方式,孩子的大脑还处在密切关注生存的阶段。因此,需要有人教会孩子一个人睡觉是很安全的。对有的孩子而言,可能需要花更多的时间教会他们这一点。等孩子再大一些,当他们体会到什么是孤独之后,可能还需要再次教给他们这一点。

2."我的孩子特别精通'还有一件事儿'策略。"先是要求再多讲几页故事,然后又要喝杯水,接下来又说肚子不舒服。当孩子一次次把你叫回去,你肯定会非常生气。如果你已经心力交瘁几乎要失去耐心,此时进行情绪翻译是至关重要的,这会让你透过孩子的反复要求倾听到他们隐藏的潜台词。也许你以前就意识到了,他们一再让你回去,其实并不是一定要喝水,也不是真的觉得身上痒,孩子只是想你或者有点儿担心。按照我们前面所讲的,此时你可以说出孩子的感受:"你是真的有一点儿渴了,并且让你现在就说晚安有点儿难。"接下来你可以给出一些带有支持性的办法:"如果晚上你想我了,可以捏一捏小狗先生,我给了它一个很特别的拥抱,这个拥抱是专门为你保留的。"家长一定要设定好界限,要是孩子提出的每个要求你都屈服让步的话,那会让你感到非常挫败。你要向孩子澄清的是,睡前时间可以做什么、不可以做什么。切记,对孩子最有帮助的方法就是你心平气和自信应对。

自我反思

在类似的情境中,当我要用言语表述孩子的情绪感受时,遇到了什么困难?

_____

在类似的情境中,当我要付诸行动时,难点是什么?

_____

将来遇到类似的情境时，我应该如何更加自信地去应对？

_____

场景 C："我不想写作业"

接下来的"我不想……"场景我们来假想一下孩子做功课时的样子。阅读是你儿子的弱项，而今天的作业之一就是阅读。你已经开始有些担心了，因为这向来都是一场战斗。你担心这样下去他会对阅读产生一些消极情绪，进而扩散到对其他作业也开始反感。当你让他把书拿出来时，他说："我不想！老师总是给我们读一些超级没意思的书！"

下意识的反应

多数时候，家长或者养育者的第一反应可能是下面这样的：

"我觉得没有那么糟糕啊，早点儿读完该读的章节，你就可以早点儿去做其他的事情了。"

"宝贝儿，你做得不错。你一直都在进步，不过你还需要多加练习。"

有时，尤其是在我们心情烦躁的时候，我们可能会说：

"别这么没礼貌。老师辛辛苦苦给你们选的书，每本都是有意思的。"

设想一下这个时刻，当你的孩子说"我不想读书"时，你的第一反应会是什么？

_____

第一步：搭建桥梁

孩子不愿意读书的原因是多种多样的。孩子的阅读发展速度有快有慢，有时不愿意阅读只是因为阅读材料对他们来说太难了。对于那些在语言学习能力上存在差距的孩子，让他们阅读就好比让他们去建造一座桥。这项任务中包含了很多看不见的部分。如果没有人给予他们适宜的支持和帮助，他们就很容易感到不知所措、无从下手。想象一下，让孩子在他人面前（哪怕是在父母面前）去完成一项困难的任务，尤其是在"其他人"都能做好这件事的情况下，他们会预见到自己即将面临的窘迫困境，因此会感到难为情和尴尬。有的孩子注意力方面有问题，他们很难一直好好地安静坐着去完成一件不那么让人喜欢的活动。就算孩子的状态良好，也没有什么潜在的认知问题，阅读以及其他学校功课依然需要耗费心力，并且兴趣的积累和增长也是缓慢的。

可能的情绪翻译

可能性 A："当我费力阅读时，我的自我感觉很糟糕，其实我也不想这样的。"

可能性 B："有些书的内容没法引起我的兴趣，看这种书的时候很难集中注意力。"

可能性 C："上了一天学我的大脑已经很累了，再让我做那种费脑子的有挑战性的事情，我觉得很痛苦！"

翻译一下孩子的情绪：

_____

💬 第二步：言语表达

备选表达 1："我很理解你为什么不想阅读。阅读不是你最喜欢的科目，所以我可以想象，对你来说这个作业实在是没意思。"

备选表达 2："我敢说你肯定一点儿也不想读这些有关农场动物的书，这里面一点儿关于摩托车的内容都没有,简直太没劲了!"

备选表达 3:"我明白,上了一天学了,现在一想起阅读作业就觉得好累啊。"
用你自己的话来说:

我可以想象你为什么不想做阅读作业,因为_____,因为_____,还因为_____。

※ 提醒:如果你能用上面这种句式开头,后面加上三个"因为"来反映孩子为什么有这样的感受、想法和行为,那么这一步骤才能真正起效。

第三步:付诸行动

情感支持: 孩子们(以及所有人)都希望自己受到重视。当他们感到自己没有达到他人或自己的期望时,就会感到羞愧或者害怕被否定。这就是为什么在做家庭作业时要保持积极的亲子关系,父母要富有耐心并给予鼓励,这一点是至关重要的。(例如:"你之前曾经做过类似的作业,我相信我们可以一起做好。")我们知道对父母来说这是个艰巨的任务,但是一旦孩子们受到批评、感受到父母的失望,他们很可能会"罢工"或者想逃避做功课,甚至比刚拿出作业时状态更差。这里也需要父母接受孩子真实的水平,而不是用我们期待的水平给孩子施压。对于那些在阅读或者家庭作业中苦苦挣扎的孩子,父母也需要有信心,他们终将像所有孩子一样学习和成长。

行动支持: 在这种情境以及其他类似情况下,想要完成"付诸行动"这一环节,有许多实用的方法可以为孩子的家庭作业提供支持,方法之一就是使用脚手架技术,就像在建筑物周围使用脚手架的方式一样。这意味着父母或照顾者要为孩子提供恰到好处的支持,以便孩子们可以顺利完成任务,而无须成年人完全代劳或代替孩子做他们原本能做的事情。例如，父母可能会演示如何解决问题或如何阅读字词，然后父母退后一步，让孩子自己尝试一下。或者可以让孩子先说出一个自己的想法，父母帮着写下来。在某些情况下，可能需要给孩子读一读作业要求，帮助他们组织一下步骤，或者优化孩子的答案，用这些方法支持孩子完成任务。

父母还可以通过安排家庭作业时间来提供帮助。例如，您可以在放学后先和孩子度过一段亲子时间（例如一起玩个游戏），然后再开始做作业。做作业前设置一个计时器，让孩子在一小段时间内集中精神完成功课，每两个时间段之间有一个短暂的休息。"我将计时器设置为十五分钟，十五分钟后我会打开音乐让你跳上五分钟舞，之后再继续做作业。"

既要当父母，又要当家庭作业助手，这确实是个艰巨的工作，所以如果条件允许的话，找个家教或者鼓励孩子在学校寻求更多的帮助也许更实际一些。你甚至可以考虑在社区中招募需要做志愿服务的高年级学生，或者让爷爷奶奶以及其他亲戚来帮忙，这对于学习落后较多的孩子尤其重要，他们可能需要额外的支持来帮助他们发挥潜能。

对话范例："我不想做功课！"

  父母："该写数学作业了！"

  孩子："哦，我晚点儿再做。"

  父母："你不想写作业，我不怪你。应用题比较难，尤其是你已经上了一天学了。"

  孩子："这作业太讨厌了，真希望永远都不用做这种题。"

  父母："做这些又难又花时间的事情确实让人很难有动力。"

  孩子："再加上你总是在一旁烦我。"

父母:"是的,我知道。咱们俩待在一起,情况就会变得更糟。更要命的是,咱们俩难免会争吵,这感觉很糟。难怪你不想写作业。"

孩子:"看吧,就是这样!要是我不用做任何作业,那我们就不会有冲突!问题就都解决了!"

父母:"没错!要是没有任何家庭作业可就太棒了。我能理解你,孩子,而且说真的,我知道你肯定用不了多久就可以做出这些应用题。你是要自己做还是想先和我一起看会儿书?"

孩子:"我现在就开始做。"

父母:"行,那我过会儿再来。"

常见误区与迷思

1. "如果我承认数学有多难的话,他难道不会更加畏惧这个科目吗?"当你的孩子在某个科目上遇到困难时,用语言表达这种困难可能会很可怕,一不小心可能就会在某种程度上令他们逃避其他的科目。家长通常会扮演啦啦队长(你肯定这么做过)或者督促孩子用功学习的虎妈(你也这样做过吧)。幸运的是,如果你使用这里建议的方式去回应孩子,那么很显然会减少孩子的抵触,增加他的参与度,从而提高他的技能和自信心。对于孩子来说,了解自己的长处和短处也很重要。父母可以帮助孩子发展健康的、基于学业的自尊心,方法之一就是帮助他欣赏自己的天赋并接纳自己的不足。

2. "如果她在学业上没有获得过成功怎么办?"孩子们大部分时间都在学校里度过,所以很多事情都依赖于学校的表现:他们的自尊、同伴圈子、对大学的认知、职业等。父母的压力很大,要为孩子选择合适的学校和课程,还要帮助孩子尽最大的努力去学习。当孩子在学业上存在差距时,似乎与一个不成文的养育规则相矛盾:不能让孩子在学业上落后!我们中的一些人将问题归咎于自己,或者因为孩子没有努力以及没能做得更好而感到沮丧。从根本上说，是不想看到他们受苦，并为那些根本不存在的遥远未来担忧，我们想象着孩子没有充分发挥潜能，没能过着他们该有的生活。看到孩子没有达到我们的期望或所谓的社会期望时，我们会感到难堪尴尬。在这种情况下，需要找到消除忧虑或羞耻感的方法。我们需要记住，发展、学习和成长是每个儿童的内在天性。一旦我们摆脱了自己的烦恼，就可以释放精力，继续陪伴孩子前进，并尽可能地提供支持。

自我反思

在类似的情境中，当我要用言语表述孩子的情绪感受时，遇到了什么困难？
_____

在类似的情境中，当我要付诸行动时，难点是什么？
_____

将来遇到类似的情境时，我应该如何更加自信地去应对？
_____

第六章 "我想念……"

悲伤和丧失对每个人都会有影响，无论对于大人还是小孩，都无法规定这种伤痛到底该持续多少时间。我们希望"走出悲伤"，但这其实并不符合人类的本性，即使我们正在经历的丧失对其他人来说似乎是微不足道的。比方说，在我养宠物之前，我不清楚这种永远的失去到底有多么令人痛彻心扉（以及这种痛苦会持续多久）。我们可能会逐渐适应，但失去的痛苦仍然会作为我们生活的一部分而继续存在。悲伤可能如潮水般涌来，也可能和其他情绪联系在一起，例如愤怒和后悔。孩子有时候可能并没有表现出很多外露的悲伤迹象，或者表现出的是一些难以识别的迹象，例如焦虑或者行为改变。哪怕丧失了和他们不那么亲近的人，也可能对他们造成极大的影响，尤其是在自己的父母对此伤心悲痛的情况下，这种影响更甚。

场景 A："我想念西西"

你家的小狗去世已有一年了，它是你们家庭中非常重要的成员，它的离去让每个人都很痛苦。每当你的孩子不开心时，她都会大声哭喊着："我想念西西！"

下意识的反应

多数时候，家长或者养育者的第一反应可能是下面这样的：

"你当然可以想念它。它现在在一个非常幸福的地方,我们多想想这个。"

"宝贝儿,你确定你现在是因为西西而难过吗?"

有时,尤其是在我们心情烦躁的时候,我们可能会说:

"很遗憾,再怎么伤心哭泣也不能让西西活过来。"

设想一下这个时刻,当你的孩子说"我想念西西"时,你的第一反应会是什么?

第一步:搭建桥梁

随着年龄的增长和成熟,孩子每隔几年对死亡和丧失的理解就会有所不同。例如,一个七岁的孩子可能不太理解死亡的永久性,而一个十岁的孩子会建立联系,从某个生物的死亡,联系到所有生物都会死亡,包括家人最终也会死亡。如果父母生病了、受伤了或者经常不在家,也会让孩子感到焦虑不安、没有安全感,而这些情绪他们可能不太理解也不会表达。孩子可能也会和宠物或者某个完全出乎父母意料的家庭成员建立起感情联系。比方说,父母离婚后,孩子在父母两边来回辗转,始终陪伴她的是只宠物狗,因此这只狗成为她生活中最稳定的伴侣。

可能的情绪翻译

可能性 A:"失去的痛苦依然很强烈,我自己没法面对。请帮我度过这个难过的时刻。"

可能性 B:"我很难受。以前我不开心的时候,可以摸摸西西,它总是在那儿。我知道你爱我,但是这不一样。"

可能性 C:"现在我知道什么是死亡了。我害怕你也会死。我很难控制这种想法。"

翻译一下孩子的情绪：

_____

💬 第二步：言语表达

备选表达1："你一想到西西就很难受，心里会有很多很多的悲伤，就像身体里有巨大的波浪在翻腾一样。"

备选表达2："西西是个好伙伴，没有了它，你遇到不开心的事都不知道该怎么办了。"

备选表达3："你已经失去了西西，我想知道，你是不是也在担心会不会失去我。"

用你自己的话来说：

我可以想象你为什么一想到西西就这么伤心，因为_____，因为_____，还因为_____。

※ 提醒：虽然这些表述是为了平息孩子头脑中的风暴，但是我们想要做的并不是止步于此，如果仅仅是把情绪压下去的话，就好像站在悬崖峭壁边上。只有你说出了他们的真实想法，孩子才会敞开心扉接受你的情感支持和行动支持。

🤝 第三步：付诸行动

情感支持：父母凭直觉就知道这一点——当孩子感到悲伤时，他们需要的是安慰、安慰和更多的安慰。安慰能帮助甚至鼓励孩子表达自己的悲伤、困惑和恐惧，如果家长认为这些情绪的确存在的话。我们无法向孩子承诺他们所爱的人不会遭受任何不幸,但是我们能做的是把孩子担心的事情放在一个现实的背景中去看待,并确保孩子知道自己永远不是孤单一人。孩子可能还需要知道,自己并没有什么过错,因为有的孩子会将某件事归咎于自己而一直自责。(成年人也是如此!)他们还需要知道,面对丧失时,他们可以悲伤愤怒(而且这是很正常的)。你可以利用自己家庭的一些信念和观点,和孩子进行讨论与分享,提供任何可能的安慰。以上说到的这些,在实际操作时都需要一点一点地小步进行,以便孩子能接受与消化。和孩子谈论丧失时,他们也许只能忍受几分钟的讨论,然后就急于摆脱这个话题。家长别指望孩子能带着悲伤的情绪长时间地坐在那儿。只要你敞开心扉并创造机会时不时进行回顾,孩子总会用一种他们可控的方式重新回到这些问题上。

行动支持:首先,用直接的、符合孩子发展特点的方式谈论死亡,孩子会从这些讨论中受益。仪式感是一种很重要的方式,例如,生命庆典、葬礼以及周年纪念日之类的仪式,能帮助孩子感受到自己并不是孤单一人沉浸在悲伤之中,同时能让孩子理解丧失的意义。孩子或许不能完全理解发生了什么,但是他们对周围成年人的悲伤情绪非常敏感。无论你是否告知他们所有的细节,他们都有可能察觉到发生了一些重大的事情。一般来说,对某些仪式进行一些解释,让孩子参与其中,总好于孩子明明察觉到有点儿不对劲儿却又对事情一无所知,他们会感到神秘、恐惧又孤单。

对话范例:"我想念西西!"

孩子:"我想念西西!"

父母:"噢,西西真的是一条非常特别的小狗。"

孩子:(哭泣)"我想让它回到我们家。"

父母:"当然啦,宝贝儿。西西一直保护着你。它是你的好朋友。我知道,失去了它,整个世界都感觉不对劲儿了。"

孩子:(哭泣)"它是我最好的朋友!"

父母:(给孩子一个大大的拥抱)"真是让人难以接受,你再也不能抱一抱西西了,也不能和它玩接飞盘的游戏,甚至不能再帮它收拾臭烘烘的便便了。"

孩子:"别开玩笑,这一点儿也不好笑。"

父母:"你说得对,这一点儿也不好笑。对不起,宝贝儿。失去宠物是一件很难面对的事情,走出这种悲伤并不容易,对大人来说也一样很难。悲伤特别特别大,就像一个巨大的波浪朝你扑过来,实在是太痛苦了。"

孩子:(抽泣)"我真的很难过很生气,我只想让它回来。"

父母:(把孩子抱得更紧)"的确非常让人难过,而且感觉很不公平。听我说,我们来画一幅西西的画儿吧,然后把它贴在冰箱上。你知道的,西西有多喜欢在厨房里走来走去。"

孩子:(笑起来)"没错,它想偷点儿好吃的!"

父母:"它就是那个偷偷摸摸的小女孩儿。来吧,我们去西西最喜欢的小路散散步,我觉得这样做会让我们心情好一些。"

常见误区与迷思

1."这样的事情我们已经经历过很多次了。"当孩子遭受严重的丧失事件(宠物或亲人的去世)时,他们可能会一遍又一遍地问着相同或类似的问题。如果他们年纪再小一些的话,可能会在悲伤中无所适从。在这种情况下,重要的是尽可能用直接的方式回答他们的问题(使用"因为……"的表述方式),来验证他们的感受,并努力让他们感到舒适。然后你可以过渡到"付诸行动"阶段,通过参与陪伴以及重新关注当下等途径为孩子提供切实的支持。如果孩子一直停滞在悲伤中，很有可能是他还没能和你分享有关丧失的某部分内容，比方说他们在心里非常自责，这种想法其实是非理性的，但是他们没和你说起这种感受。在丧失经历中，自责情绪是非常普遍的，成人也是如此，所以要以防万一，留意确认一下孩子是否有这种自责的念头。

2."我觉得她此刻的情绪和早已去世的狗没什么关系。"一般来说，孩子的确有可能借着宠物或亲人的去世来释放悲伤，他们可能觉得表达自己的脆弱是个不太好或不合适的行为，假如他们有这种想法，那就更有可能利用丧失来发泄痛苦。如果此时你的情绪探测雷达发出警报声了，你可以把你猜测到的孩子的潜在想法说出来："我想知道，是不是还有别的事情让你很伤心，而小狗西西正在帮你把这些事情说出来？比方说你今天晚上特别想爸爸。如果是因为想念爸爸而让你这么难过的话，那很正常啊。来，我抱抱你，我们看看今晚睡觉之前能不能抽出点儿时间给爸爸打个电话。"

3."再养一只新的小狗会不会有助于他迈过这个坎儿？"你可能会觉得只有再养一只新的小狗才能减轻孩子的痛苦，没错，很多人和你有相同的想法。这是个终极解决方案。引入一只新的宠物可能是一种美好的体验，但是并不能完全消除丧失带来的痛苦。事实上，在养一只新宠物之前，要先处理好之前的丧失情绪，确保孩子不会因为被新宠物分心而中断之前的悲伤情绪，要让孩子在你的支持下充分处理好自己的感受。如果你已经开始养一只新的宠物了，那也没关系，现在也为时未晚，好好体会一下对之前那只小狗的怀念之情。

自我反思

在类似的情境中，当我要用言语表述孩子的情绪感受时，遇到了什么困难？

在类似的情境中，当我要付诸行动时，难点是什么？

_____

将来遇到类似的情境时，我应该如何更加自信地去应对？

_____

场景 B："我想念我们以前住的地方！"

想象一下这个情景：你在附近的城市找到了一个新工作，为了上班方便，你决定搬家。你的孩子不得不告别街坊邻居转学到新的学校。搬家四个月以来，孩子一直在抱怨你的这个决定。今天她大喊道："我想念我们以前住的地方！"

下意识的反应

多数时候，家长或者养育者的第一反应可能是下面这样的：

"宝贝儿，出于我工作的原因，我们必须得搬家，而且搬家之后你的房间比以前更大了。"

"我知道，孩子。你在这里也有很多小伙伴可以一起玩，多好的事情啊。现在你的朋友比以前更多了。"

有时，尤其是在我们心情烦躁的时候，我们可能会说：

"你得习惯这一切！我们都得做出一些牺牲。"

设想一下这个时刻，当你的孩子说"我想念我们以前住的地方"时，你的第一反应会是什么？

_____

第一步：搭建桥梁

如果你是学龄儿童的家长，你肯定知道社交对孩子来说有多重要。甚至研究表明，社交关系对孩子的幸福感至关重要，尤其关系到他们对生活的满意度。与朋友告别，或者仅仅只是减少和朋友的见面次数，都会严重影响孩子的情绪。孩子通常能够理解搬家的种种现实原因，但他们对此无能为力。对大多数人来说，哪怕是积极的变化，也会给人造成压力。

可能的情绪翻译

可能性 A："我知道我会结交新的朋友，但是没有老朋友在身边，一切都不一样了。我和以前的朋友从小一起长大，感情深厚，不用刻意去做什么。和他们在一起我觉得非常自在。"

可能性 B："虽然在学校还能见到老朋友，但是我想和他们一起去街角的小卖部，还想和他们一起去树屋玩，这些事情都不可能在课间休息时间做。还有，我担心搬走以后他们会忘了我，或找到新的朋友替代我。"

可能性 C："我还是想念我的旧房间，还有我们的旧沙发。我觉得你肯定会认为这些想法很傻很幼稚，所以我从不和你提起这些。"

翻译一下孩子的情绪：

第二步：言语表达

备选表达 1："搬家让你觉得很不好受，可能有很多原因，其中最重要的一个原因就是你不能像以前那样经常见到你的朋友了。以前你出门走上几步就能看到他们，而现在得花些时间骑车过去甚至得开车才行。"

备选表达 2："因为搬家而必须转学这件事儿让你非常难过，我完全明白。我想知道，我们在新的城市买房子是不是让你有些生气？或许你觉得我们这样做一点儿也没有考虑过这对你来说有多难。"

备选表达 3："我敢说，你肯定希望所有事情都保持原状。毕竟这不是你的选择，而且现在适应新环境也很难。换作是我，肯定也会特别生气的。"

用你自己的话来说：

我可以想象你为什么因为搬家这件事儿而感到难过，因为_____，因为_____，还因为_____。

※ 提醒：此处列出的可能想法是为了让家长与孩子之间建立一种联系，这些联系可能是孩子的美好意愿、脆弱情感或者导致他们当下状态的情感需求，哪怕孩子表面上表现出来的并不是这样也没关系。

第三步：付诸行动

情感支持：这个场景也是关于丧失的，这种情况带来的后果可能是情绪崩溃或是对父母的指责。这个孩子需要得到这样的接纳：因为搬家而感到生气和难过是可以的，有一些潜在的痛苦感受需要得到他人的承认也是很正常的。此外，孩子还有获得安慰和情感联结方面的需求，因为生活经历了巨大的变化之后，孩子会感觉自己像无根的浮萍，又仿佛根基不稳大地都在晃动一般。搬家之后，孩子可能希望你更多地陪伴在身旁。这些都是很正常的反应，并不意味着孩子变得过度焦虑。当周遭发生了重大变故时，每个人都需从自己重视的人那里获得更多的安慰和保证。

行动支持： 一旦我们认识到了孩子所经历的变化以及潜在的丧失感，那么接下来的事情就变得容易了，我们可以开始着手帮助孩子思考生活中那些令人兴奋的新事物。如果孩子还在大声尖叫"我们根本不应该搬家"，那么她还没准备好去听你说什么又大又新的公园或者更棒的学校之类的话。换句话说，只有当她感到被人理解了，她才愿意去重新审视思考搬家这件事的好处，并思考如何适应新的环境。孩子可能还需要一些切实的支持，以保持和老朋友之间的联系。比方说，可以建议和鼓励孩子和老朋友在网上联系，或者约好时间开车过去聚一聚。对于害羞内向的孩子，父母可以邀请一些新朋友来家里做客。只要有一个朋友能让她感到舒服自在，新学校的生活就会变得更加容易适应和融入，不过有的时候结交第一个朋友要花费不少精力。

对话范例："我想念我们以前住的地方！"

孩子："我都不能和朋友一起闲逛了，我讨厌搬家！你和爸爸为什么这么自私？我讨厌现在的房子，讨厌现在的邻居，我在这儿一点儿意思也没有。"

父母："我很理解你的这些感受。你的朋友就是你的一切，现在却发生了翻天覆地的变化。对不对？"

孩子："我讨厌这里。"

父母："我知道。如果是在以前的家，那事情就简单多了。你随便什么时候出门都能找到小伙伴一起玩。"

孩子："或者就是随便逛逛，我已经不是小孩子了。"

父母："你说得对，哪怕只是随便逛逛也挺好的。而现在一切都不一样了，周围的孩子也和之前不同，他们都有自己的事情要做。如果换作是我，要适应这些新的街坊邻居，我也会感到有点儿困难。"

孩子："就是很难嘛！"

父母:"对不起。如果你因此而对我们发火,我也不怪你。你很怀念旧房子那边的一切。虽然路程不远,但是毕竟不一样了,有些事情再也不会像以前那样了。"

孩子:"哦,其实也不至于那么糟糕啦。"

父母:"好吧,那是我夸大其词了。"

孩子:"嗯,只是让人有点儿不痛快吧。"

父母:"那是当然!对了,你愿不愿意哪天下午回以前的地方转一转?"

孩子:"当然了,你现在可以离开了吧。"

父母:"知道啦知道啦!你已经忍了我半天了。好吧,十五分钟之后就该吃晚饭了。"

常见误区与迷思

1. "或许我不该接受这份新的工作。"搬家对孩子产生了较大的影响,看到这样的结果你也很沮丧。如果你感到内疚或者后悔的话,那么你可能更加无法接受孩子的抱怨,因为这只会让你感觉更糟。你要记住这一点:孩子的困扰只是暂时的,他们只是因为带着一点儿偏见而无法看清事情的全貌。生活的确充满艰辛,当遇到情绪问题时,不要只关注发生了什么,而要着眼于如何处理解决。你也应该对自己好一些,或许你也在为某些逝去的东西而伤感。善待自己,这样你会更容易走进孩子的内心,去理解孩子的悲伤与失落。

2. "我没有遇到这种情况。到目前为止,她看上去都挺好的。"也许你的孩子一直都特别冷静,她突然之间变得沮丧会让人觉得非常意外。比方说,你的孩子可能会避免谈论她的老朋友,甚至坚持认为自己一切都好。在这种情况下,搭建桥梁会更难一些,你需要做出一些有根据的推测,比方说她只是表现得坚强,实际上内心并不是感觉一切都好。你仍然可以用语言表达她的想法,针对这种情况,你可以根据你的理解说一说她为什么想摆脱搬家带来的痛苦,为什么假装老朋友根本不存在。你可以用上"因为……因为……因为……"的句式（例如，因为远离朋友真的让人感觉很痛苦）。确认一下你的孩子是否愿意谈论自己的痛苦感受，这样做可以为她打开一扇大门，让她说出内心脆弱的感受。更多的相关内容参看第十章"我不跟你说……"。

自我反思

在类似的情境中，当我要用言语表述孩子的情绪感受时，遇到了什么困难？

_____

在类似的情境中，当我要付诸行动时，难点是什么？

_____

将来遇到类似的情境时，我应该如何更加自信地去应对？

_____

图 6.1 下意识的反应

图 6.2 确认与支持

第七章 "你更爱姐姐……"

这一章的内容针对的是有多个孩子的家庭或者重组家庭。如果你是这类家庭中的父母，那么你可能听到过类似这样的话："你更爱＿＿＿！"

类似的话还有："为什么他/她可以（做某件事）而我不能做？"我们经常将兄弟姐妹的竞争视为他们之间的问题，但其实这也是父母与孩子之间的问题。之所以这样说，不仅是因为他们之间的冲突会影响父母，还因为他们是在竞争父母的爱、关注和资源。下面这个例子是个非常典型的场景，在这个场景中，翻译孩子的情绪、用语言表达孩子的感受以及提供支持都非常重要。

场景："你更爱姐姐……"

想象一下这个场景：你的女儿上学期过得很不容易，所以你和她一起度过了一小段特别的时光，你们母女俩花了一晚上时间一起逛街购物。你们在一起很开心。回到家时，儿子看到你们俩一起进门，对于你们母女俩最近一段时间频繁单独相处，以及姐姐可以在外面待那么久发表了意见。然后他问："你是不是更爱姐姐？"

下意识的反应

多数时候，家长或者养育者的第一反应可能是下面这样的：

"当然不是啦,宝贝儿。我爱你和爱姐姐一样多。等你将来有了孩子你就知道了。"

"咱俩也一起做了很多事情啊。你怎么会问这种问题呢?"

有时,尤其是在我们心情烦躁的时候,我们可能会说:

"是呀,她不像你这样总是惹我生气。"

设想一下这个时刻,当你的孩子说"你更爱姐姐……"时,你的第一反应会是什么?

第一步:搭建桥梁

在搭建桥梁通往孩子岛的时候,我们可能会发现孩子在与不同的家庭成员进行互动时采用的方式存在一些微妙的(或者不那么微妙的)差异,无论这种差异是否合理——比方说有的兄弟姐妹有一些特殊需要,但的确存在这种情况。如果你的女儿更"喜欢"你,那么毫无疑问,你更容易理解她。你能更容易地猜出她在各种情况下的想法与感受。而另一个孩子和你的伴侣更亲近,他有自己做事的方式和节奏,面对这个孩子,情况可能就有所不同了,可能的结果就是有时候你无法理解他为什么会用那种方式做出反应。如果你和你的女儿都喜欢购物,那么当你们一起度过愉快的时光时,你们就能轻松地建立起感情联系。另一方面,你的孩子在玩电子游戏,而那个不是你的兴趣所在,那么你就很难用一种对他而言有意义的方式建立彼此的联系。换句话说,我们的孩子正困在某件事情上。但是他们无法从全局来看待问题,这对他们来说还太复杂,因为这样的局限性,当遇到让他们感到不开心的事情时,他们会用一些不太成熟的方式进行沟通。

可能的情绪翻译

可能性 A："看到你和姐姐很容易就能愉快相处，我觉得有点儿难过。咱俩就很难这样毫不费力地轻松相处，这让我不开心。"

可能性 B："你花时间和姐姐在一起，我觉得自己好像被抛弃了。承认这一点对我来说并不容易，因为我知道姐姐也需要你。"

可能性 C："我有些难过，因为你和我玩游戏的时候似乎并不是那么开心，我也不太理解为什么姐姐和你待在一起的时间比咱俩一起的时间更长。"

翻译一下孩子的情绪：

_____

💬 第二步：言语表达

备选表达 1："我明白你为何会有这样的感受。姐姐和我有很多共同的爱好，逛街购物、化妆、变换发型之类的，而咱俩就很不一样，所以你觉得咱俩之间的联系更少。"

备选表达 2："我完全能想象，你看到我和姐姐在一起的时间很长，那似乎意味着姐姐更加重要一些。不管原因是什么，这都让你觉得很受伤。"

备选表达 3："你的想法在我看来是有道理的。你看到姐姐和我在外面玩到很晚才回来，而你却不能这样做，你觉得我更喜欢姐姐。要是我也很喜欢你的话，我也会和你一起在外面玩到很晚。"

用你自己的话来说：

我可以想象你为什么觉得我更爱姐姐，因为_____，因为_____，还因为_____。

第三步：付诸行动

情感支持：无论你的孩子用何种方式传达他的恐惧，说你不像爱另一个孩子（甚至是你的伴侣）那样爱他，他的情感需求通常都是非常脆弱的。既然你已经说出了他的想法感受，那么他现在就能听进去你的支持性语言了。这时，你可以结合他的经历体验来解决存在的误解。比方说你可以这样告诉他："你得知道，我很爱你，全身上下每个细胞都爱你。"最后你得找到这个孩子的某个独有的和特别的地方，比方说："我特别喜爱你勇敢无畏的品质，我很羡慕你外向的个性，而且你也提醒我了，到外面开开心心地玩是多么重要！"

行动支持：面对这种情境，在行动方面需要努力创造一对一的联络感情时间，哪怕只是很短暂的一点儿时间也会很有帮助的。当然，安排一个特别的亲子约会之夜能大大减轻伤害。如果你能加入孩子真正喜欢的活动中，那么对孩子来说是非常酷的一件事，尤其是他们知道你对那个活动并不是很感兴趣的时候。因为你是在传递这样的信息："我要努力花更多时间和你在一起，我们可以做一些你喜欢的事情——哪怕是玩电子游戏也没问题——这样我就能更了解你的兴趣爱好了。"

我在工作中曾经接触过一些父母，他们对于孩子玩电子游戏持负面态度，他们很想让孩子知道玩电子游戏的弊端，但结果往往是父母和孩子之间产生"脱节"，亲子感情受影响。这种时候，如果父母要和他一起玩电子游戏，你可以想象孩子会感到多么惊讶。他有机会放纵一下，教父母游戏技能，而父母集中精神很专注地去体验游戏中的积极面。简单而有效！

对话范例:"你更爱姐姐……"

孩子:"妈妈,你是不是更爱小艾?"

父母:"啊,这可是个超级严重的问题啊,宝贝儿。是不是因为我最近和小艾在一起的时间比较多,所以你会这样问?"

孩子:"对呀。所以你是不是更爱她?"

父母:"亲爱的,我能理解你为什么觉得我更爱小艾,因为最近一段时间我每天晚上都花更多的时间陪她做功课,而咱俩的抱抱时间比以前要少了。"

孩子:"是呀,就是这样的。"

父母:"这的确让人感到很不舒服,因为每天的抱抱时间是专属于咱俩的,你可能会觉得我把你忘在脑后了,或者以为我一点儿也不在意咱俩在一起的特别时间。"

孩子:"没错。"

父母:"哦,妈妈太忙了,她都不关心我了,这种感觉真是太糟糕了。你能告诉我这些,我很高兴。"

孩子:"真的吗?"

父母:"当然了。我站在你的角度想了想,你的这些感受都是很合理的。所以我真的得好好想想需要怎么做才能解决这个问题。"

孩子:"那要怎么办呢?"

父母:"嗯,首先呢,我得告诉你,我有多爱你。我爱你,从这里一直到月亮,再从月亮上回到这里来。再到月亮,然后再回来,来来回回一百次。"

孩子:(笑起来)

父母:还有,我要更加努力,确保咱俩有特别相处时间。如果某天因为什么原因没法安排特别时间或者缩短了特别时间,那我会和你商量,看看你是需要把它记下来以后补上,还是用一个紧紧的拥抱来代替,就像这样!(给孩子

一个大大的拥抱）

孩子：（又笑了）"好的！"

常见误区与迷思

1."他这样说只是为了得到一些他想要的东西。"的确，孩子可能想要某些东西，为了得到这个东西他们会说得非常夸张。但是，当一个孩子说"你更爱姐姐"的时候，通常他是想要和父母更加亲近一些，而不是只得到一些有意无意的关注。事实上，我们强烈建议家长好好考虑一下改变说法，把"寻求关注"改为"寻求情感联系"，后者更为准确，并且有助于引导你怀着关爱而非心烦意乱地对待问题。当然，孩子可能会用笨拙的、令人不那么开心的方式表达他们的需求，但是，重要的是得弄清楚他们到底想表达的是什么，这样才能发现孩子表层的抱怨之下，那些深层次的情绪感受。如果你依然很难表达出孩子的想法（要知道，孩子的大脑尚未发育成熟，对事情的解释判断也不成熟），那么重新回到"搭建桥梁"阶段。也有可能是他的言辞中有某些内容让你不高兴，从而导致了你无法很好地站在他的角度和立场去看待问题。你可以再好好回想一下，做几个深呼吸，看看是否有所帮助。

2."我好像怎么做都不对！"当你尝试站在孩子的角度去表达他们的想法时，也许孩子会表示抗拒或者用言语进行抗议。我们一定要记住，在进行有根据的猜测时，我们无法看到孩子的脑子里在想什么，因此我们可以做一些这样的验证："听你的意思，我好像错得很离谱，我猜这让你感觉更加糟糕了。你特别在意我是不是理解你的想法，如果我没做到的话，那会让你感到很受伤。"（更多相关内容请参看第十二章"你根本不明白！"）也有可能是你所说的话恰好击中了问题所在，因此孩子才用这样的方式进行回应。你的言语触碰到了孩子的痛处，让孩子有些震惊，从而引发了他的反弹，这其实是个好的兆头，意味着孩子在宣泄与释放。这时，最好的做法是保持冷静，和孩子进行情感的联结，直到这一阵"情绪浪潮"过去。

3."我必须得同时处理两个孩子的问题，怎么办？"在有多个孩子的家庭中，你和其中一个孩子进行这种对话的时候，可能其他孩子也在附近。一旦你把注意力放在一个孩子身上，并说出他的经历感受，另一个孩子可能会做出反应，可能会说出类似的话："这又不是我的错，我的作业就是需要这么长的时间啊！"他可能会因为占用父母的时间而感到内疚，也可能会觉得自己并没有获得足够多的高质量亲子时间而感到不满。在这种情况下，你或许需要先确认一个孩子的感受，然后再和其他孩子做同样的确认，来来回回确认几次，我们称之为"打地鼠式确认"。也可以进行一个家庭讨论，这种方法可能更好一些，你们可以在这个家庭会议上开诚布公地讨论每一个人的感受，避免孩子像前面所讲的那样用自己的小雷达偷听到你和其他孩子谈话，并因为你们的谈话内容而感到内疚或者不满。当你的家里有某个孩子患有疾病或者有身体残障，需要持续不断地获得家庭资源的时候，这一点尤其重要。

※ 提醒：我们建议的流程并不是一个魔法公式。你以前学到的有关回应孩子想法与感受的方式可能与这里讲的大不相同，这可能会让你感到困惑。我们强烈建议你尽可能地按照步骤多试几次，随着你的尝试，事情会逐渐发生改变的。

自我反思

在类似的情境中，当我要用言语表述孩子的情绪感受时，遇到了什么困难？

在类似的情境中，当我要付诸行动时，难点是什么？

_____

将来遇到类似的情境时，我应该如何更加自信地去应对？

_____

第八章 "这简直太棒了！"

这一章和其他章节的内容有些不同，因为在这里孩子并没有不高兴——相反地，孩子可能高兴、兴奋甚至欣喜若狂。我们通常不会把这种时候看作是难处理的场景，然而许多人其实并不能自然大方地对快乐做出回应。我们可能习惯于去淡化孩子的兴奋（比如对他说："别吹牛了！"），或者在孩子的表达中看到一些潜在的问题（比方说会导致兄弟姐妹的嫉妒，或者在公共场合当众说这些自大炫耀的话不太合适），还有的时候，我们可能不太理解或者不太赞同那个让他如此兴奋的根源（比方说，"我刚刚玩游戏升级通关了！"）。

快乐怎会如此复杂？

和他人一起享受和庆祝快乐，是人们最能联通彼此感情的一种方式，然而想要维持快乐的情感却是异常困难的。随着年龄的增长，我们关于喜悦和快乐的表达会受到外界信息的影响，想要维持快乐就更加困难了。你是否有过这样的经历：你看到一个特别酷的东西，然后你环顾四周想看看有谁在——当你的快乐被分享时，这份喜悦会变得更加强烈；而当没人可以分享的时候，就会感觉像美丽的泡泡泄了气，甚至完全破裂了一样。当我们在意的人忽略我们的开心、不承认我们的快乐或者拒绝分享我们的喜悦时，甚至会导致我们的愉快体验来个急转弯，从高高兴兴变成伤心、生气甚至感到羞愧。我们接下来会终结这种只看到事情消极面的状况。我们享受快乐的头号原因是什么？因为快乐具有一种能力，它能广泛传播，也能给我们的家庭生活带来更多欢乐。

场景:"这简直太棒了!"

想象一下这个场景:你十一岁的女儿拿着平板电脑向你跑过来,大声说着:"这简直太棒了!我最喜欢的主播刚刚上传了三个新的手工视频!耶!"

下意识的反应

多数时候,家长或者养育者的第一反应可能是下面这样的:
(反应平淡)"那挺好啊,宝贝儿。"
"知道了,提醒你一下,你还有十分钟看屏幕的时间。"
有时,尤其是在我们心情烦躁的时候,我们可能会说:
"大叫什么啊。你要是喜欢这种视频的话,为什么没看到你跟着做出点儿什么手工作品来?"

设想一下这个时刻,当你的孩子说"这简直太棒了"时,你的第一反应会是什么?

第一步:搭建桥梁

回想一下,当你的孩子还年幼的时候,得到一个气球、一个冰激凌或者一辆玩具卡车时他有多么兴奋,那时候是不是很可爱?随着孩子长大,他们蹦蹦跳跳或者喋喋不休地告诉你某件事情成千上万的细节,他们通过这种方式来传达自己的兴奋。

问题是,我们有不同的兴趣,热衷的事物也有所不同,那些让他们感到兴奋的事物可能对我们来说普普通通、没什么意思甚至还会惹我们生气。在他们的表述中这些事物可能占据了很大的比重，然而我们的文化告诉我们，这是不行的。对孩子而言，喜悦快乐是单纯的，不受成人所谓的那些消极面污染。我们要重新认识一下自己那些有关快乐的本能，这样有助于我们把握孩子的兴奋点，也有助于我们体会到孩子对某个事物的感受。成年后我们常常刻意训练自己无拘无束尽享欢乐，那么，牢记那些孩子般的快乐对此会很有帮助。

可能的情绪翻译

可能性A："看这些手工视频进行学习实在是太让我开心了。用手工创造出一个新的世界会让我感到非常自豪和骄傲。"

可能性B："我太高兴了，终于盼到了我最爱的节目，我想把我的开心也分享给你。"

可能性C："开心的感觉实在是太好了，要是你也为我感到高兴的话，那就是好上加好啦！"

翻译一下孩子的情绪：

___

💬 第二步：言语表达

备选表达1："三个新的视频！你等更新已经等了很久了吧，你超级喜欢做手工，难怪你现在欣喜若狂！"

备选表达2："哦耶！我知道你为什么这么开心，因为她是你最最最喜欢的主播，你现在又可以看到她的那些超棒的小技巧了！"

备选表达3："这简直太棒了！击掌庆祝一下！真是太为你高兴了！"

用你自己的话来说：

我可以想象你为什么这么兴奋，因为_____，因为_____，还因为_____。

※ 关于快乐的提醒：如果你能展现出孩子的那种快乐，那这一步才是最有效的，换句话说，当你的语言和肢体动作传达出的信息是你理解了他们的感受，那么这个步骤的效果是最佳的。这并不是说非要让你在沙发上蹦蹦跳跳，但是一点点额外的能量和动作会让效果更好。

第三步：付诸行动

情感支持：简单地说，欢乐是需要更多人参与其中的！孩子满怀欣喜，想要和你亲近，和你分享快乐。你的情感联结会维持他的喜悦体验，甚至会提升和加强他的快乐感受，而我们所有人都可以用更多一点点的快乐来对抗生活的挑战。额外的好处是：微笑是可以传染的，让自己捕捉住这些快乐的笑容吧！这样可以创造一种真正的亲密无间和共同享受的感觉。研究表明，分享积极体验会带来更多的幸福感和更高的生活满意度，甚至能带来更多的能量（虽然我们可能并不太希望孩子精力过于充沛）。除了分享快乐体验，我们也会收获鼓励、热情与积极反馈，我们还有可能体验到更多的快乐、爱与感谢。

行动支持：享受孩子的快乐并为他创造空间去体验快乐，这就足够了！如果你还有精力想做得更好的话，对于孩子热爱的事情，你可以表现得很感兴趣（"让我看看"或者"哇，好酷，她怎么做的"），这样做传递出的信息是你支持他去追求自己热爱的事物。如果你还能让孩子教教你他所喜欢的事情，那就更酷了。如果你对孩子喜爱的事物不感兴趣，那你也没必要去假装，你的重点可以是积极地表示出好奇（"我很想知道接下来她还会有什么锦囊妙计"）。

对话范例:"这简直太棒了!"

孩子:(兴奋地)"爸爸,我有个超级好消息要告诉你:我和小杰打算开个播客!"

爸爸:(充满热情地)"真的吗!那也太酷了吧!"

孩子:"是真的!我们打算采访学校里的其他孩子,问他们一些问题,然后做成节目播放。"

爸爸:"那你们肯定特别兴奋。你一直都很喜欢和人交谈,从很小的时候你就想上电视或者广播。"

孩子:"是呀,这是第一步,爸爸。而且小杰这个人很幽默。我们现在已经找到三个人愿意接受采访了。"

爸爸:"真不错,为你们感到高兴!都已经有三个人了!孩子们制作的儿童节目,这简直太酷了。你真的是很花心思在做这件事!我敢说,这肯定特别令人兴奋吧!"

孩子:"没错!老爸!"

爸爸:"你们是打算从某个特定的话题开始,还是根据采访进行的情况再看?"

孩子:"我们还不知道。我们打算问问周围的人,看看大家想听什么。我也有几个初步的想法。"

爸爸:"噢,我都等不及想听你的节目了!只有一件事儿我想和你说,就是隐私的问题以及如何得到许可来播出那些涉及他人的内容,尤其是你们采访的对象都是孩子。这个部分我可以提供一点儿帮助。"

孩子:"好呀!我觉得问题不大。你可以当我们的小助手。"

爸爸:"哈,很公平!你们是大导演,我给你们端茶倒水跑腿儿。"

孩子:(笑了)"没错,就这么办!"

常见误区与迷思

1. "如果让他高兴的事情是我不赞同的呢？"父母不必也不应该假装高兴。理解、接受以及对感受做出回应并不意味着认可这些行为。我们用一个极端的例子来说明这一点：假设你的女儿兴奋地回家告诉你说她想在身上穿个脐环、鼻环之类的，我们决不会说因为孩子喜欢这个，你就必须同意她去给肚脐或者鼻子上穿个洞，你也不必假装你对这件事感到高兴。我们建议的是，你可以承认她对这件事的喜爱："我可以想象你为什么这么高兴，因为这个小孔是属于你的，每次一看到它你就会感到很愉快。"对于孩子喜爱的事物，你依然可以有所限制或者说"不"，如果你真的不同意她这样做，那么之前你对她感受的认可会将你的限制加以软化，不会造成大的打击。事实上，我们无法改变别人因为什么而高兴，我们也无法改变自己的感受，但是我们可以看到孩子动机背后那些积极的意图，并把我们看到的这些积极面告诉他们，这样他们会感受到被尊重与被理解。

2. "我不想让他失望。"很多成年人已经不再那么理想主义了，我们想保护孩子免受痛苦与失望。或许我们认为最好主动压制一下他们的兴奋，这样总好过他们之后受到伤害。这就是为什么父母常常会在喜悦面前表现得很谨慎（"别抱太大的希望"），或者把话题跳转到现实中去（"但是回到现实问题上，你打算如何做呢"）。这样做的缺点就是，过分谨慎会让孩子觉得没什么创造性以及缺乏冒险精神。孩子希望父母信任自己。通过这种信任，他们发展出更多有关自己的信念。如果你能融入他的喜悦中，孩子就更有可能感到自信，他们也就有可能更容易接受你的情感与行动支持，更容易接受你想要给出的好建议。

3. "我以往接受的教育是要谦虚低调。我不希望孩子的快乐伤害到别人或者让别人感到不愉快。"这是一个很好的点。我们同意，谦虚是一种重要的品质。有的父母曾经告诉我们，当他们的某一个孩子表现出超乎寻常的喜悦时，他们会感到有些焦虑，他们担心这会引发另一个孩子的不悦。比方说，一个孩子收到了聚会邀请，而他的兄弟姐妹没有收到，收到邀请的孩子在其他孩子面前表现得特别兴奋。既要与这个快乐的孩子共鸣，同时又要敏锐地捕捉到别的孩子的失落难过，这真的很难。而结果往往是快乐就被迫中止了。在这种情况下，你可以选择先和快乐的孩子一起庆祝，然后晚些时候再和另一个孩子进行一对一的情感联结，这样两个孩子的需求就都能得到满足了。

  4. 关于快乐的最后一点说明。你是否曾经有过这样的想法：过多的快乐意味着轻浮、毫无生产力或者自我放纵？如果是的话，咱们都一样。压抑快乐有着深厚的历史根源。有学者认为，这可以追溯到古代，当时皇室禁止平民进行欢庆活动，以防他们的庆祝活动最终导致起义反抗。另一些学者则认为，工业革命培养出了一种信念——工作和生产力比轻松享乐更加重要（因为这些能让我们的生活走上正轨）。然而，就像其他情绪一样，如果孩子的快乐被压抑了，他们可能在与他人和世界有关的事情上出现一些困扰。我们需要努力寻找一种"快乐"的媒介，用这个媒介培养快乐，从而产生复原力，就像对待其他情绪时一样。

自我反思

在类似的情境中，当我要用言语表述孩子的情绪感受时，遇到了什么困难？

_____

在类似的情境中，当我要付诸行动时，难点是什么？

_____

将来遇到类似的情境时，我应该如何更加自信地去应对？

_____

第九章 "我肚子疼……"

这一章我们从抱怨身体不舒服来展开话题，因为这对儿童来说太普遍了（事实上，对所有人来说都是这样），他们是在自己的身体中感知着自己的感受。有的时候，事情很简单，别想那么多，不舒服纯粹就是生理原因，你也不愿把所有疼痛或者身体症状都归结为是情绪引起的。比方说，病毒引发的肠胃疼痛在幼儿身上很常见。但是，如果你的孩子反复抱怨一些身体症状，特别是在上学前、睡觉前或者高压力事件之前，那么你可以考虑一下，焦虑或者其他强烈的情绪可能是引发这些症状的原因。

大脑和身体的连接是错综复杂的，所以身体不适会导致情绪压力，而情绪压力也会引发身体症状。这不是"二者选一"的情况，而是"二者皆有"的情况。想想你自己也有过当众发言之前觉得肚子抽痛的经历，或在生气和尴尬时面红耳赤。在这一章里，我们假设，经过医生的确认，孩子身体的症状并不能用纯粹的生理原因来解释，其中至少有一部分能用"通过身体症状传达情绪问题"来解释。

场景："我肚子疼……"

想象一下这个场景：星期一早上上学之前，你的孩子说"我真的肚子疼"。这已经是这个月的第四次了。

下意识的反应

多数时候，家长或者养育者的第一反应可能是下面这样的：

"你可能需要去一下卫生间。"

"哪儿疼？要不要帮你揉揉肚子？"

有时，尤其是在我们心情烦躁的时候，我们可能会说：

"又来了，昨天晚上也是这样。一到收拾东西准备睡觉的时候，你就突然开始肚子疼。"

设想一下这个时刻，当你的孩子说"我肚子疼……"时，你的第一反应会是什么？

第一步：搭建桥梁

通常情况下，说自己这儿疼那儿疼的孩子的确是感到了疼痛，无论这种疼痛是不是由焦虑触发或加强的。疼痛是很复杂的，比方说，一些我们熟知的疾病，其症状往往会因为压力而恶化。孩子的疼痛并不是凭空臆想出来的，他们因为压力而感受到的疼痛和蹭破膝盖感到的疼痛一样真实。清早上学之前紧张的孩子可能会感到身体不舒服，这可能是单纯的身体反应，也有可能是因为预感到了压力的存在。不同年龄的孩子，从幼儿到青少年，都会出现焦虑引发的身体症状，这些症状会影响他们的上学意愿。孩子们可能害怕在课堂上做一些他们觉得困难的事情，害怕与不熟悉的成人交流互动，害怕同龄人的排斥和尴尬场景，或者只是害怕离开家。他们可能有着很强的动力去学校或者参加某项活动，但是焦虑以及与之相关的身体症状过于强烈，使他们看上去像是抗拒上学、固执己见或者动力不足。

可能的情绪翻译

可能性 A："我有点担心，我会因为太想念你而不知道该怎么办。"

可能性 B："我害怕安老师不喜欢我。"

可能性 C："我最好的朋友上个星期一直没来。一想到课间可能没有人和我一起玩，我就觉得压力很大。如果真的没人和我玩的话，我会很难受的。"

翻译一下孩子的情绪：

_____

💬 第二步：言语表达

备选表达 1："哦，宝贝儿，你的肚子又疼了，这可真是个麻烦事儿。我想知道这次还是'思念疼'吗，你每次担心自己会想念妈妈时好像就会出现这种疼法。如果是这种情况的话，那很正常。"

备选表达 2："你的肚子疼，让我知道有些事可能很严重。我想，这是不是因为你有点儿害怕安老师，或者你担心今天佩佩又请假不去学校，课间会发生令你不舒服的事情？"

备选表达 3："看你的表情我就知道你的肚子真的很疼，也许你担心到了学校肚子会疼得更厉害，你害怕到时候你自己没法解决这个问题。"

用你自己的话来说：
我可以想象你为什么会肚子疼，因为_____，因为_____，还因为_____。

※ 提醒：我们不能止步于言语表达这个环节。父母承认孩子的感受和经历，会让孩子感觉好受一些，但是孩子还需要我们的情感与行动支持，才能发展进步。

第三步：付诸行动

情感支持：那些频繁声称有身体症状的孩子往往很难察觉、识别以及谈论他们的感受。他们也有可能是在犹豫要不要直接寻求情感安慰。父母可以通过拥抱、安抚或者言语安慰来提供帮助。比方说："听上去你需要妈妈给你一个大大的拥抱。我会一直在你身边，我相信你！"父母也可以通过语言或者行动向孩子展示人们是可以表现出"负面"情绪的（"如果这事儿发生在我身上，我甚至会哭出来的！感到悲伤简直再正常不过了"）。情绪会自然而然地出现和消失，当我们把焦点集中在情绪上，孩子就很有可能更快地感觉好受一些，哪怕那个令他们担心的事情依然存在。

行动支持：如果孩子因为前面那个例子中所讲的情况而感到焦虑，那么为他提供支持去面对恐惧是十分重要的。假如是真正的危险，那么保护好孩子远离危险情境是非常有用的应对方式，但是对于焦虑或身体不适，远离和逃避并不是好的应对之道。孩子越是回避某件事情，就会变得越来越焦虑和逃避问题。当孩子感到焦虑和不适的时候，几乎都需要照顾者温柔而坚定地帮助他们渡过难关。父母可以表现出对孩子很有信心，让孩子知道你的决心——只要他需要，你会随叫随到。这里的关键就是要让父母带领着孩子向前迈进，而不是等待着孩子"准备好"。焦虑和身体不适的确是个有说服力的借口，但是家庭不应该被这些掌控。以下是一些沟通方式的示例：

"好多小朋友在幼儿园里都会想妈妈，我们今天带一个毛绒玩具去幼儿园。我会给你的毛绒玩具一个大大的拥抱，如果你想我就可以抱抱它。一放学我立刻就去接你。"

"虽然你的肚子现在很疼，但是我知道，只要你出了门往学校走，很快就会感觉好一些。我们可以在上学路上一起想想怎么和安老师相处，如果你需要我去找安老师聊一聊，那我可以去找她谈谈。"

尽管本书不讨论有关焦虑的行为策略，但是这里我列出了一些基本准则：
处在焦虑状态时：

1. 令孩子感到焦虑的那个事件中或许会有某个部分是孩子喜欢的，或者在那件事之后会有一些孩子喜欢的事情发生。帮助孩子把注意力集中到他喜欢的那个部分上（例如："别忘了你今天放学以后要去见妮妮"）。
2. 转换场景（例如："我们出去走走，去小池塘那儿看看"）。
3. 把任务额分解成更小的、更容易掌控的步骤，然后从第一步开始（例如："先把衣服换好，然后我们再看看你感觉怎么样"）。
4. 提供两个方案供孩子选择（例如："书包和水杯，你选一个拿，然后我帮你拿另一个"）。
5. 设定清晰的目标和时限（例如："该换衣服了，我会设一个五分钟的定时器"）。

下次焦虑发作之前：

1. 练习正念和放松策略，例如注意身体部位的感受以及尝试腹式呼吸。（确实非常有效！）
2. 建立一个好的例行程序，并确保有充足的时间处理一些突发状况。
3. 和孩子坐下来一起列出任务的各个部分，从最容易的到最困难的。可以画一个"挑战阶梯"图或者温度计图。当大家都情绪平静的时候，从最简单的那一项任务开始进行练习，然后一个接一个逐步推进到有难度的部分，这种方式叫作"逐步暴露法"。

你可以参看本书最后"推荐阅读"中的相关内容，帮助孩子应对焦虑、逃避和压力应激身体症状。

对话范例:"我肚子疼……"

孩子:"我肚子疼。"

父母:"哦,宝贝儿。肚子又疼了,这可真是个麻烦事儿。"

孩子:"我是真的肚子疼!妈妈,我今天不能去上学了。"

父母:"让我看看,这次是'思念式肚子疼',还是'害怕今天某件事会发生式肚子疼'?"

孩子:"我就是不想去学校。"

父母:"嗯,从你的表情就能看出来,肚子的确很疼。你可能担心到了学校肚子疼得更厉害,或者你害怕自己没法处理这个情况。"

孩子:"是的!我要是和安老师说我肚子疼,他根本就不听!"

父母:"如果需要和安老师说的话,用什么方式比较好?你有什么主意吗?"

孩子:"你能给他发个电子邮件吗?"

父母:"当然可以啊。我会告诉他,当你肚子疼的时候,走一走或者喝点儿水通常就能好一些。这样写怎么样?"

孩子:"好吧。那你今天什么时候下班?"

父母:"课后班一结束我就去接你,你是不是还有点儿担心在学校会想我?"

孩子:(眼中闪动泪花)"放学后我们能一起玩个游戏吗?"

父母:"当然可以了。这一天很长,我也会很想你的。放学以后我肯定会抱抱你,和你做游戏。"

孩子:(开始从被窝里往外爬)"好!那我今天要穿那件蓝色的衣服。"

常见误区与迷思

1. "给孩子一个'心理健康休息日',能有什么大问题?"偶尔让孩子休息一天,世界末日并不会到来,但是一旦孩子发现留在家里不去上学是可能的或者可以接受的,那么他们将来某一天就会再次期待待在家里休息。小孩子有点儿焦虑或者有一丁点儿不舒服的时候,让他们去上学是一件很有价值的事情,因为这样可以教会孩子和家庭如何应对孩子的苦恼。焦虑是一个棘手的问题,也许需要心理健康专家或者其他健康专家的支持,但我们需要在孩子年幼的时候探究他们为什么抗拒学校,并找到应对之道。缺少支持不利于孩子的成长。

2. "他只是在装病!"装病和压力应激疼痛之间的界限很难弄清楚。真正的装病意味着为了得到自己想要的东西(或者逃避不想要的东西)而故意欺骗成人。孩子的确会用假装生病或受伤来逃避做家务、上学或其他他们不想做的事情,但是你需要问问自己为什么他们会这样做。我们有一个指导原则:"如果孩子能做到的话,他们会尽其所能好好做的。"基于这个原则,我们可以假设,一个"装病"的孩子可能仍然在纠结某个问题。他们可能想要逃避某件事情带来的压力,可能是对你或者其他人的怨气,也可能是没有足够的一对一亲子时间。无论是哪种情况,你都可以通过确认他们的行为来获取信息。如果你直接揭穿他后他很快就行动起来,那当然很好。不过这种方法只适用于孩子不想做某件事的情况(比方说打扫房间)。但是,当孩子的逃避是出于焦虑的话(比方说,害怕在学校当众发言),如果你暗示孩子是在装病或者说这些疼痛都是他在脑子里想象出来的,往往只会导致他们将来更加钻牛角尖,变得更加回避问题,或者表现出更强的挑衅倾向。

3. "他会好起来的。他只需要自己去消化。"很多家长告诉我们,他们的父母绝对不会支持这种事情,无论如何都会送他们去学校的。强硬的做法也有好处,对某些孩子是管用的。但是对有的孩子来说,这种"强行把你拉起来"的方式并不适用。这些孩子往往是"超级敏锐的感受者",他们对情绪的感知往往更加敏锐强烈——既包括对自己情绪的感知,也包括对他人情绪的感知,或者他们有更严重的焦虑、心理健康问题或身体健康问题,又或者他们形成这种逃避上学的模式已经有段日子了。在这些情况下,情感支持是关键。还有一种可能就是你的孩子也许在回避某种危险(身体上的或者精神上的)。如果孩子的压力焦虑与暴力或欺凌有关,那必须采取一些行动。如果孩子要面对的是成人的霸凌和虐待,那么无论你给予多少安慰、保证和鼓励都无法让孩子安心地去上学。这时第一步要做的事情可能就是和孩子聊一聊他经历的事情,鼓励他待在那些能提供帮助的同学和成人身边。另外,你的行动计划中还应该包括与校长和老师进行沟通,引起他们对这个问题的重视。如果只是同伴之间闹矛盾,那么鼓励孩子自信一些当然没问题。但是对于霸凌问题(一系列持续的不受欢迎的行为或攻击性行为,这些行为模式涉及力量不对等或者意图伤害或羞辱他人),成人必须介入。如果你的孩子有类似的经历,可以参看我们在本书最后列出的相关资料。

自我反思

在类似的情境中,当我要用言语表述孩子的情绪感受时,遇到了什么困难?

_____

在类似的情境中,当我要付诸行动时,难点是什么?

_____

将来遇到类似的情境时,我应该如何更加自信地去应对?

_____

图 9.1 下意识的反应

图 9.2 认可与支持

第十章 "我不跟你说……"

可能有的读者一边读这本书一边想，这套方法根本行不通，因为"我的孩子不会跟我说任何事儿"。一个孩子完全不给你提供任何可供翻译的素材，你怎么和他进行情感上的联结？值得庆幸的是，我们依然可以使用这套方法来应对沉默，而且我们发现，相比起说狠话（比如"你太没礼貌了，我在和你说话呢"）或者等待他们主动开口（就好像你站在球场的一端，而把球完全留给球场另一端的孩子，想等他们把球打过来大概要等到地老天荒），使用这套方法更有可能打开僵局，开启亲子之间的沟通。

场景："我不跟你说……"

下意识的反应

多数时候，家长或者养育者的第一反应可能是下面这样的：

"孩子，别这么没礼貌。我在问你话呢。"

"你不告诉我们出了什么问题，我们怎么帮你呢？"

有时，尤其是在我们心情烦躁的时候，我们可能会说：

"爱说不说，回头可别怪我。"

设想一下这个时刻，当孩子说"我不跟你说……"时，你的第一反应会是什么？

第一步：搭建桥梁

通常情况下，当孩子沉默或拒绝参与时，这种情感脱节对于所有卷入其中的人来说都是痛苦的，尤其是当你将他的行为解释为不尊重或拒绝时。首先要记住的是，儿童的言语能力远远不如成年人。即使有的孩子语言发展不错说话好像头头是道，他们也不一定百分之百理解我们所有的话语。一些学龄儿童（和一些成年人）仍然觉得谈论感受是一件很难的事情。对于孩子来说，玩耍是最简单、最自然的语言，其次可能会是绘画和其他艺术形式。所以，当一个孩子说他不想和你说话时，他可能只是说："现在谈论＿＿＿＿（某个话题）对我来说太难了。"如果你的孩子属于这种情况，你可能会发现和他们一起玩、一起画画甚至把想说的话写给对方更管用。令人惊讶的是，只要你给他们充足的时间（通常二十分钟左右），孩子们会自己"抛出话题"，和你在绘画或者玩耍中进行讨论。

另一方面，如果你的孩子能正常表达，那么他的沉默和拒绝就是一个明确的信号，表明的确有什么事情发生了，请你继续去解读。虽然孩子可能明确表达"想要点儿自己的空间"，但是可以肯定的是，孩子一定有强烈的（而且往往是脆弱的）潜在情绪需要被注意到。通常，孩子很生父母的气，但是又担心愤怒的表达给自己带来麻烦。还有，如果孩子怀疑父母是否真的有能力帮他处理问题，他们也会拒绝透露发生了什么事情。他们不想惹恼或伤害父母。他们也不愿意让父母尝试纠正他们的感受或者越俎代庖解决问题。最了解孩子的人是你，所以，最重要的事情是运用你的智慧，弄清楚哪种情况对你最为适用。

可能的情绪翻译

可能性 A："我真的很生你的气，我想让你知道我有多难过，唯一的办法就是不理你。"

可能性 B："我想和你谈一谈，但又怕惹你不高兴，怕你说我应该改变自己的想法，也怕你逼着我找到解决办法。"

可能性 C："我不知道如何是好，我希望这个麻烦彻底消失。可是你要跟我谈这件事儿，这个麻烦又重新浮出水面，我更不知该怎么办了。"

翻译一下孩子的情绪：

_____

💬 第二步：言语表达

备选表达 1："你不想和我说，我不怪你。有时我急于纠正你的想法或者试图说服你换个方式去理解事情，我的做法可能让你觉得毫无意义。"

备选表达 2："看得出来你想要一些自己的空间，这个要求很合理，因为我的做法让你心烦，你觉得我的处理办法不公平。"

备选表达 3："我知道，有的时候我们聊着聊着，反而感觉更加糟糕了。我能想象得出来，不谈论这个话题会让你有个喘息的机会。"

用你自己的话来说：

我可以想象你为什么不想跟我说，因为_____，因为_____，还因为_____。

※ 提醒：首先，先尝试猜测一下与沉默相关的背景信息，最近刚刚发生过什么事情？你的孩子在类似的情景中是否会变得沮丧？关键的一点是你要问问自己：关于我家孩子的沉默，哪种表述最让他感到受伤和脆弱？

第三步：付诸行动

情感支持：如果孩子因为难过、感觉受到伤害或者焦虑而不想和你倾诉，那么他们的沉默通常是一种使自己免受伤害的自我保护方式。面对不知所措的孩子，你也需要镇定平和，不要给孩子压力，逼他马上解决问题或者说出情绪。这些孩子需要的是慢慢推进事情，把事情分解成小的任务去面对。这可能意味着，刚开始的时候他们可能只愿意一言不发地坐在你旁边，烦躁不安或者手里玩着东西。

如果你怀疑孩子是因为生气才保持沉默的，那么他的情绪需求可能会和直觉相悖。一方面，生气的孩子明确表示"我需要一点儿空间"；另一方面，任何一个孩子都不愿意真的被人完全抛下一直孤零零地待着。如果他对你发脾气，那么单独待一会儿是有意义的，这样他可以冷静下来，但是他知道你就在附近，过一小会儿你就会回来并和他一起重新面对之前的问题。还有一个重要的问题需要考虑：每个孩子需要的距离可能是不同的。对有的孩子来说，距离意味着可以待在同一个房间里但是不需要大量的对话和接触；对另一些孩子来说，在这一小段时间里他们能容忍的最近距离是你待在卧室或卫生间的门外，甚至是他缩在房间最里面而你在门外。

如果可以的话，你甚至可以考虑向他表达歉意，让孩子知道你想弄清楚他的感受，但是你发现你们现在陷入的局面和你所预期的并不一样。如果你的道歉平和、真诚而自信，那么道歉的力量简直令人难以置信。换句话说，你无需进行自我惩罚和降罪（"这全都怪我，是我把一切都搞砸了"），也不要玩文字游戏，逃避自己本该承担的责任（"我很抱歉你有这样的想法"），有效的道歉应该传达懊悔之意以及应该承担的责任（"很对不起，我的举止伤害了你"），省去辩解、借口或指责。

行动支持：我有个很聪明的同事，她说如果她要写本家教书的话，书名就叫

《女儿最大的心愿：远离妈妈》。她指出了一个事实：即使女儿将妈妈拒之门外，不告诉妈妈发生了什么事，但是作为母亲，只要女儿愿意倾诉，她会敞开心扉随时欢迎。她承认，这并不是说这种关系是完全对等的，当孩子受到伤害试图推开父母时，他们依然需要知道，我们永远不会被真正地推开。与此同时，为了能让我们靠近，孩子需要某种途径来维护他们的界限。在孩子生气、自我封闭或拒绝沟通的时候，想要教会他们这一点是不可能的，所以一旦事情再次恢复平静之后，你可以想办法让孩子知道，你允许他拥有一些自己的空间，而且你也没那么脆弱，他完全可以把困扰自己的事情告诉你，哪怕令他困扰的事情和你有关也不要紧。当然，你说这些必须发自真心，因为不管你说什么，只要你对孩子所说的事情反应强烈，他很有可能再次拒绝开口。如果你的孩子长达数周或者数月都退缩、封闭自己或者拒绝沟通，那么可能需要第三方或者专业人士来协助打开沟通的契机。如果事情真的到了这步也不要绝望，我们一直在帮助父母和孩子之间重建联系，这种情况处理起来并不难。

对话范例："我不跟你说……"

爸爸："嗨，亲爱的，你去看望妈妈了，怎么样？"

孩子：（带着明显的情绪怼回来）"好着呢！"

爸爸："怎么了？发生什么事情了？"

孩子："没什么。我不想和你聊这事儿。"

爸爸："我明白了。如果真的发生了什么事情，除非你和我说，否则我没法帮你。"

孩子："真的没什么，爸爸。"

爸爸："啊，我知道是怎么回事儿了。换作是我的话，我也不想说出来，原因有很多。"

孩子：（保持沉默）

爸爸："首先呢，你是个很注重隐私的孩子，我知道你不是很喜欢和人讨论你的感受。"

孩子：（继续沉默）

爸爸："而且最近咱俩经常意见不一，所以你可能会想得比较多。你担心我又长篇大论地说教，或者让你不要那样去看待事情。"

孩子：（依然沉默）

爸爸："如果你和妈妈之间发生了什么事，或者你们俩吵架了，我想你可能会犹豫要不要告诉我，你怕我生她的气。尽管你可能很想发泄一下情绪，但是你又不愿意让我卷入其中，因为你知道我和你妈妈有时相处得不太好。"

孩子：（点头）

爸爸："在我们离婚之前，我更擅长倾听你的感受，我还能帮你理解妈妈的想法。尽管你不喜欢我有时候维护她，但是我敢说，比起一味关心你的难过且只站在你这一边，之前的做法反而让你感觉更好一些。"

孩子："或许你会给妈妈发邮件，那样我下次见她时会觉得很尴尬。就算我生她的气，我还是很爱她，我只想让事情快点儿好起来。只有我觉得没关系的时候，我才会告诉你发生了什么事情。我的意思是，当妈妈做了让我难过或者生气的事情时，如果我不用担心你对她有什么看法，或者不用担心你会做些什么来修复我们的关系，那我才会告诉你。我只想让一切恢复正常。"

爸爸："当然了，孩子。难怪你不想告诉我发生了什么事，你这样做完全有道理。"

孩子：（沉默）

爸爸："事实上，就算你妈妈和我处在关系紧张的时期，我们也会尽力用更好的方式把问题弄清楚，我会努力牢记我要做的事情，那就是支持你，多想想你妈妈的好处。好吧，我们再试一次，这个周末发生了什么事情，宝贝儿？"

　　孩子："好吧，我可以和你说，但是你别小题大做。"

　　爸爸："我要说的是，只要不危及你的安全，我保证不会小题大做。"

　　孩子："老爸，我安全得很，一点儿危险也没有！"

　　爸爸："那好吧，成交！"

常见误区与迷思

　　1."要是孩子想隐瞒的是件很糟糕的事情怎么办？"当孩子拒绝和你说话时，这会让人非常紧张，甚至有点儿害怕，你开始胡思乱想，觉得一定是发生了什么糟糕的事情。这会导致你在回应时给孩子施压："你必须给我说清楚到底发生了什么事情！"孩子已经不堪重负有点儿封闭自己了，又遭受这样巨大的压力，他可能会更加封闭和抗拒。这种情况，你的最佳工具就是冷静、耐心以及——你猜对了——用若干个"因为……"开头的句子去验证他们的想法和感受。

　　2."我小时候可不敢跟我的父母搞冷战不说话。"如果你把沉默解读为不尊重，那你可能就会愤怒地进行回应。的确，把别人关在门外有点儿不太尊重，尤其在某些文化中，这很不礼貌。问题是，即使命令孩子尊重你们，或者对他们拒绝说话的行为进行惩罚，可能孩子们只会说一些他们认为你想听的话，或者看看有什么机会能减轻惩罚。我们当然不会建议你容忍孩子的无礼举止，或者允许他说些越过界限的话，但是从长远来看，比起对孩子发火和施加惩罚，弄清楚孩子为什么拒绝倾诉更有价值。根据我们的经验，当家长因为孩子沉默以对而发火时，对孩子来说无异于火上浇油，因为孩子已经快被某些情绪问题压垮了。

　　3."我很伤心，他应该跟我无话不谈的。"有些家长忘记了父母和孩子之间的血缘联系有多么牢固。沟通上的小小不顺，甚至是短时间内完全闹崩，都不会对亲子关系造成持久的损害。这种情况在离异家庭中很常见，当孩子经历不同的阶段（更亲近父母中的某一方）时会出现这种情形。快到青春期的孩子也容易出现这种状况，他们正在开始发展出独立自主的需求。孩子时不时地拒绝和你说话似乎反映出了你们的整体关系（"他不像以前那样爱我了""他不信任我了"）或者你的教育能力（"看，是我把事情完全搞砸了，要不然他为什么拒绝跟我说话呢"）。如果你觉得或许是你做了什么令孩子生气的事情，那你可以道歉，就像我们前面讲的那样。不过，有的时候孩子拒绝说话并不是针对父母，也不是亲子关系的质量问题。孩子可能只是不知所措，无法用言语表达自己的想法。如果你察觉到内心充满自责，或者当孩子把你关在门外后你有了强烈的被拒绝感时，你可能会竭尽所能，想尽快与孩子和解，这样你才会感觉舒服一些。这些都是很正常的，但是孩子也需要时间，你得在你的需求和孩子的需求之间达成一种平衡。否则，在孩子还没准备好和你顺其自然地"修复关系"时，你会给他带来压力。

自我反思

在类似的情境中，当我要用言语表述孩子的情绪感受时，遇到了什么困难？

_____

在类似的情境中，当我要付诸行动时，难点是什么？

_____

将来遇到类似的情境时，我应该如何更加自信地去应对？

_____

第十一章 "我可真坏/我可真蠢……"

我们都经历过这样的时刻，一点儿也不为自己所做的事情感到自豪骄傲。孩子偶尔说一句"我可真是个笨蛋"并不是什么值得担心的事情。然而有的孩子已经养成了自我贬低的习惯，或者经常进行自我否定。如果孩子有这种严重的自我贬损的情况，那么一旦他平静下来，你可以帮助他看到他自己身上的优点。但是当孩子正处在自我贬低的时刻，安慰可能并不会产生预期的效果。其实自责也是一种处理负面情绪的方式，对孩子来说，自责要比被别人责怪好受一些——至少能由自己控制。无论孩子出于什么原因而自责，我们的任务都是帮助孩子找到更好的方式来表达负面感受。

场景 A："我可真坏啊……"

我们假设一下，你的孩子弄坏了家里的物品，或者因为做错了什么事而带来很大的麻烦，他立刻或者事后说"我是个坏孩子"之类的话。

下意识的反应

多数时候，家长或者养育者的第一反应可能是下面这样的：
"不，你不是！你是个好孩子。"
"宝贝儿，你千万别这么想，只是这件事你做得不对。"

有时，尤其是在我们心情烦躁的时候，我们可能会说：

"是的，你就是这么糟糕。下次你得表现好一些。"

设想一下这个时刻，当你的孩子说"我可真坏啊"时，你的第一反应会是什么？

第一步：搭建桥梁

孩子的内心深处始终是希望得到父母认可的。当孩子表现不好的时候，他们通常会很担心被父母排斥，或者害怕父母不再爱他们了。自我贬低的孩子常常会感到很羞愧。他们没有认清一个事实：一次错误的行为并不会把一个人变成一个坏蛋。特别是当孩子反复纠结于自己的行为时，他们可能觉得自己注定会继续失去控制、伤害别人或者惹出麻烦。有时他们害怕受到惩罚，所以宁可自己先批评自己，以此作为盾牌，防止再受到父母的指责，或者借此表示自己已经在悔过了。还有的时候，他们的自我谴责是在表达诸如内疚、焦虑或者愤怒之类的情绪，他们只是不知道如何用更合适或更直接的方式表达这些感受。他们还不明白，其实绝大多数的问题都可以通过别人的支持和帮助来解决。

可能的情绪翻译

可能性 A："我害怕我会一直做错事 / 伤害别人 / 惹麻烦。"

可能性 B："我为自己刚才的行为感到羞愧，我想让你知道我已经知道错了，这样你就不会再对我发火了，也不会不爱我了。"

可能性 C："我感到很难过，我简直无法忍受自己所犯的错误。"

翻译一下孩子的情绪：

💬 第二步：言语表达

备选表达 1："哦，宝贝儿，我明白你现在自我感觉很糟糕，你担心自己会不断犯错，或者害怕自己是哪儿出了问题才会一直惹麻烦。"

备选表达 2："你真的特别后悔那样做。"

备选表达 3："听上去你好像很担心我会因为这件事而对你印象变坏，你想确认一下。"

用你自己的话来说：

我可以想象你为什么觉得自己"坏"，因为_____，因为_____，还因为_____。

和其他章节一样，在进行这样的表述时你可能会感到有点儿不舒服，好像你传达的意思是你同意这种想法，尤其是其中可能含有伤害孩子的言辞。要记住，确认孩子的情绪并不意味着你认同这种想法。这只是帮助孩子感受到被人理解的第一步，只有这样孩子才能敞开心扉进行接下来的步骤——接受你的支持。

🤝 第三步：付诸行动

情感支持：孩子因为在某方面做得不好或者有缺陷而感到羞愧或者焦虑，当家长对孩子的这种感受做出回应时，需要让孩子知道你是能看到他们的优点的，你对他的看法并不会因为他们的某些行为而定性。先确认孩子的真实感受，这会为接下来的情感支持和行动支持打开一扇大门，让家长能进入孩子的内心世界。

例如：

"我可能会生气，但是不管怎样，我都一样爱你。"

或者：

"所有人，包括大人在内，都会犯错误，都会弄坏东西，都会伤害到别人。"

我们希望孩子学会善待自己：爱自己，接纳自己。想要学会这一点，最简单的办法就是从自己的父母或者照顾者身上感受到这种同情心。当孩子自我感觉良好的时候，他们更有可能把事情做得漂亮。这听起来很简单，很容易做到，但事态紧急时往往很难记住，尤其是当你想让孩子得到教训，就更容易忽略了。

行动支持：当孩子做了伤害他人或者有害的事情时，多数情况下，一个现实的需求就是去修复和弥补。即使孩子年龄很小，也可以参与到这个和解过程中。这样做可以教给孩子一个道理：破损的物品是有可能被修复的，我们也有可能进一步加强彼此的关系。一般来说，我们总能找到解决问题的办法。对年幼的孩子来说，"修复"可能是让他们帮忙修理某个被破坏的物品或者进行一点儿打扫清理工作。对年龄稍大的孩子，我们可以让他们从头到尾参与所有的环节。我曾经接待过一个毁坏学校电脑的孩子，他感到非常羞愧。他和老师一起合作制定了一个补偿计划，包括在学校周围做志愿者进行执勤工作，这样可以挣一点儿钱来支付电脑费用。几周之后，我再次和他会面，他为自己的努力感到非常自豪。任何书面或者口头的道歉都比不上这种方式——通过自己的实际努力来改善状况，这样做更能影响他的自我意识。

对话范例："我可真坏啊……"

孩子把玩具卡车摔到了地上，一个车轮摔掉了，他开始啜泣。

孩子："呜呜呜！我把卡车给摔了！我是个坏孩子！我真是坏极了！"

妈妈："噢，宝贝儿，我看看发生什么事情了。我知道你现在肯定感觉糟透了。"

孩子：（点头同意）

妈妈："你是不是还有点儿害怕，担心摔坏玩具会给你带来麻烦。"

孩子：（点头同意）

父母：“你说自己是个坏孩子时，可能是想让妈妈知道摔坏了玩具这件事让你感觉很不好，而且我知道了这件事可能会骂你，这也让你感觉很糟糕。”

孩子：（点头同意）

妈妈：“看来这辆被摔坏的卡车给了你一个惨痛的教训，那就是对待物品一定要温柔。既然你已经知道这个道理了，那下次就更容易记住了。还有，犯错误并不会让你成为一个坏孩子，真的不会。虽然你做得不对，但是你能从错误中学习。现在我们可以想想接下来该怎么做。”

孩子：“什么意思？”

妈妈：“嗯，我们可以假装这辆卡车需要去修理厂进行维修，我们看看能不能用胶水把轮子粘回去。或者我们也可以谢谢玩具给我们带来的快乐，然后考虑把它送到回收站去。”

孩子：“如果用胶水的话，轮子就被粘住不能转了。（叹气）看来我们得把它送去回收站了。”

※ 提醒：真诚是你的法宝。无论你是怎样按照我们所建议的流程与孩子沟通的，只要你真诚，孩子的镜像神经元会让他们的大脑记住你的努力付出都是发自真心的，这会让他们的大脑释放出令人平静下来的神经化学物质。

常见误区与迷思

1. "等等，犯了错误之后感觉不好，这难道不是件好事儿吗？"是的，做了伤害他人或者有害的事情之后感到内疚，这种经历实际上是一种适应性的反应。健康、适度的内疚是一个内置信号系统，可以让我们意识到我们所做的事情违背了自己的价值观，或者违背了我们所属群体的价值观（比如我们的家庭、班级或者朋友圈子）。换句话说，内疚有助于我们学习如何以尊重自己和他人的方式去积极应对未来的挑战。然而，当孩子感到羞耻时，就会侵蚀他们的自我意识。他们更有可能退缩或者做出攻击性的行为。《脆弱的力量》一书作者布琳·布朗曾经做过题为"倾听羞耻"的演讲，她在演讲中讲得很清楚，内疚与行为有关，但羞耻却是聚焦于自我的。换句话说，内疚是"我做了不好的事情"（我得从中吸取教训），而羞耻是"我太差劲了"（我不值得别人好好对待）。

2."听上去这就像是我内心批判自己的声音！我到底对孩子做了什么？"如果父母的内心经历过激烈的自我否定，听到孩子这样贬损自己，会引发父母的自责（孩子对自己的看法如此消极，这都是我的错），或者担心孩子由此发展为自卑或抑郁。这种自责的想法会让父母陷入精神瘫痪状态，很难把注意力集中在当下正发生在孩子身上的事情，去关注他们要说什么、要做什么。相关内容请参见第四章"贵在坚持"，其中阐述了如何应对自己可能出现的焦虑和自责，那些方法可以让父母重新回归本心，再次运用学过的家庭教育知识去解决问题。

自我反思

在类似的情境中，当我要用言语表述孩子的情绪感受时，遇到了什么困难？

在类似的情境中，当我要付诸行动时，难点是什么？

将来遇到类似的情境时，我应该如何更加自信地去应对？

场景 B："我可真蠢啊……"

在这个场景中，你的女儿年龄已经比较大了，她告诉朋友一个秘密，而她曾答应另一个女孩子要保守这个秘密。那个女孩子发现自己的秘密被泄露出去了，于是把你的女儿从生日会邀请名单中剔除了。现在，你的女儿在家，把自己关在房间里大哭。你想去看看她，她说："让我自己待一会儿！我简直太蠢了！"

下意识的反应

多数时候，家长或者养育者的第一反应可能是下面这样的：

"你为什么不给她打个电话呢？或者我来打电话，我和她妈妈谈谈？"

"每个人都会犯错。你还有机会参加别人的生日会啊。"

有时，尤其是在我们心情烦躁的时候，我们可能会说：

"是的，这件事情你确实做得不对，希望你能从中吸取教训。"

设想一下这个时刻，当你的孩子说"我可真蠢啊"的时候，你的第一反应会是什么？

第一步：搭建桥梁

对年龄较大的孩子，"事故"往往更复杂一些。可能是输掉了一场比赛，可能是被喜欢的人拒绝了，或者是看到哥哥姐姐做了一些自己不太理解的事情。当孩子说自己"很蠢"或者用其他侮辱性的词语时，他们通常不知道该怎么处理犯错带来的坏心情，无论这种评价是客观的还是孩子主观认定的。

可能的情绪翻译

可能性 A："我原本可以做得更好的，结果把事情搞砸成现在这样了，我都开始怀疑自己了。"

可能性 B："那件事儿让我很难为情，我懂得太少了，所以我有些生自己的气。真希望能重新回到那个时刻，再来一次我肯定会做得更好一些。"

可能性 C："我担心大家不会原谅我所犯的错误。我害怕从此以后大家都排斥我。"

翻译一下孩子的情绪：

_____

💬 第二步：言语表达

备选表达 1："难怪你会因为说出这个秘密而感到如此难过。你没想让事情变成今天这种地步，你觉得应该早点儿明白这一切。"

备选表达 2："你无法让自己摆脱目前这个困境。我大概知道了，也许你在担心她再也不会原谅你了，你觉得这一切全都是你的错。"

备选表达 3："我明白你为什么这么伤心。你很在意她，你希望你们俩能和好。"

用你自己的话来说：

我可以想象你为什么觉得自己很蠢，因为_____，因为_____，还因为_____。

※ 提醒：虽然这些表述是为了平息孩子头脑中的风暴，但是我们想做的并不止步于此，如果停在这里的话，就好像站在悬崖峭壁边上。只有你说出了他们的真实想法，孩子才会敞开心扉接受你的情感支持和行动支持。

第三步：付诸行动

情感支持：自我贬损和钻牛角尖琢磨自己的错误，其实是大脑试图应对糟糕感受的方式。在第四章，我们谈到了父母要善待自己，在这里，我们则需要帮助孩子拓展看问题的视角并善待自己。孩子可能没有检视方方面面的因素，因而不客观地把所有责任都揽到自己身上。你可以帮孩子看到，其实他的行为只是整个事件中一个很小的部分。你可以提醒孩子，每个人都会时不时有这样的念头，希望自己从来没有做过某件事情，这简直是人类的共性。在这种情况下，你的孩子也许会和伙伴一起解决这个问题。同时，你也可以给孩子一些现实的期望，以及提醒孩子，想要激励别人做得更好，未必需要使用批判的方式。（他们希望教练或者老师用这种方式和他们说话吗？）还可以提醒孩子，当我们批评自己的时候，会进一步加重心理压力，暗示自己没有能力找到前进的道路。

如果孩子犯的错误不那么容易补救，你仍然可以帮助孩子用善意的富有同情心的想法去看待自己，以及看待那些孩子认为被他伤害和错待的人。有许多书和应用程序可以教孩子正念练习和善待自己（参看本书最后"推荐阅读"）。陪伴孩子走出情绪低谷是一种巨大的情感支持，这样做也是向孩子展示如何善待自己，这也是你希望有一天孩子能学会并用在自己身上的能力。

行动支持：一旦你为孩子提供了大局和方向，那接下来最有帮助的行动策略就是振作起来重新面对现实。换句话说，就是再次面对那些人。对年龄稍大的孩子而言，同伴关系与接纳是极为重要的。你的角色就是献计献策，找到解决这个问题的办法，然后帮助孩子演练一下见到那个自己伤害的人之后要和对方说什么，通过这些行动帮助孩子弥补和挽回局面。比方说：

"这种感觉的确很糟糕，不过我相信你的朋友肯定会原谅你的。我们一起来想想，看有什么办法能联系到她。"

或者：

"每个人肯定都曾经搞砸过自己的朋友关系。（插入一些自己的尴尬往事。）我们一起想想办法，看怎么处理好眼下这个状况。"

如果孩子持续沉浸在严重的坏情绪中，或者反复自我否定，而我们也将应对框架演练过一两次了，那么有时最有用的办法就是暂时离开目前的思绪。一小段时间的分心会让孩子"摆脱困境"。可以建议孩子做一些积极活跃的事情，比方说散步；或者做一些需要和人建立联系的事情，比方说打牌；还可以做一些简单而愉快的事情，比方说听听音乐。一旦孩子稍微平静稳定一些，也许更加愿意尝试上面的其他办法。

如果孩子在学业方面感到自己"很笨"，也许需要把作业或者试卷重新做一次，或者帮助孩子对自己的表现建立更加现实的期待，也有可能不需要做这些。如果是这些情况，可以参看第十五章"我没考好……"，里面有更多这类问题的互动技巧。

对话范例："我可真蠢啊……"

想象一下这个情景：十二岁的女孩儿小娅把一份社交媒体问卷转发给了一个自己喜欢的男孩子。问卷里有一些需要回答"是"或"否"的问题，比方说："你喜欢我吗？""我们是朋友吗？""你想在课间和我见面吗？"每个问题男孩都答了"否"。小娅哭着从她的房间里跑出来。

孩子："我可真蠢啊！我就不该把那个发出去！"

父母："发什么？"

孩子："没什么，你不会明白的！"

父母："等一下，来我这里。听上去好像有什么事进行得不顺利，所以你很生自己的气。"

孩子:"是呀,我简直就是个白痴!现在所有人都知道了。小凯基本上就是在告诉我,他很讨厌我。"

父母:"这可真是太糟糕了,到底发生什么事儿了?"

孩子:(把事情的来龙去脉又说了一次)

父母:"噢,现在你完全没法摆脱这个麻烦,因为似乎所有人都目睹了这件事的发生。"

孩子:"没错,大家都看到了!小凯说他不喜欢我,可我还是想弄个明白。"

父母:"这当然会让你很难过。你喜欢某个人,而他却不喜欢你,这真的让人很受伤。尤其他还是当面和你这样说的。"

孩子:(哭了起来)"我真的很喜欢他。"

父母:"哦,宝贝儿!看你这么伤心我也跟着难过。我们来拥抱一下好吗?"

※ 提醒:我们建议的流程并不是一个魔法公式。你以前学到的有关回应孩子想法与感受的方式可能与这里讲的大不相同,这可能会让你感到困惑。我们强烈建议你尽可能地按照步骤多试几次,随着你的尝试,事情会逐渐发生改变的。

常见误区与迷思

1."如果我说'我明白你为什么说自己很蠢……'会不会给孩子传达一种信息,他就是很蠢?"听得出来,你认为孩子的自我否定是父母们普遍关心的问题,而给孩子传递这种信息恰恰与你想做的背道而驰!没必要一字不差地重复孩子贬损自己的话语,你只需要用描述性的词语去陈述孩子潜在的感受。另外,如果你只是用语言表达出孩子对自己的感受与看法,但是没有提供情感与行动支持——那么,没错,的确存在被孩子误解的风险。然而,当你先使用"因为"的句式,然后又使用支持策略,既安抚了孩子,还提供了正确的方向,那么我们就会发现，实际上孩子并不会觉得父母是那样看待自己的。相反，这还有助于孩子恢复好心情，因为孩子会感到即使在黑暗中自己也是被爱、被理解的。一旦你和孩子站在同一阵营里，那你的帮助和建议就会产生预期的效果，当然，你可能需要根据问题的严重程度而反复进行"因为……"的陈述和情感支持环节。

2."早知今日，何必当初。现在他得面对这些后果。"如果孩子的行为很糟糕，尤其是伤害到了其他人，那么可能最重要的事情是让他认识到自己的错误，并纠正自己的不当行为。但有一点很重要，对有的孩子来说，在他们学习如何更好地对待他人之前，需要我们先注意到他们受伤、羞愧、悔恨或者愤怒的感受。如果他们的情绪处在剧烈波动的状态，他们学习或者解决问题的能力就会处在较低的水平。通过言语表达的方式来关注孩子的痛苦，这样有助于他的大脑平静下来，从而能让他更好地去体会别人的感受。

自我反思

在类似的情境中，当我要用言语表述孩子的情绪感受时，遇到了什么困难？

_____

在类似的情境中，当我要付诸行动时，难点是什么？

_____

将来遇到类似的情境时，我应该如何更加自信地去应对？

_____

第十二章 "你根本不明白！"

当孩子还是婴儿时，父母得不断猜测他们需要什么。我们难免会猜错，但也要继续去猜。孩子年龄越大，他们的想法、感受和生活越复杂，我们就越难以确切知道发生了什么事情。事实就是，孩子能理解某些我们根本不懂的文化，尤其是青少年文化和学校文化。孩子到了十多岁就会开始尝试独立，他们会隐藏更多的东西。这是正常的发展成长过程，其中包括拒绝接受父母的想法和信念。当孩子大喊着"你根本不明白"，他们的意思是：我们不明白某些重要的东西，比如他们的感受、想法或者经历。

场景A："你根本不明白！"

在你家里，有关屏幕时间的规定非常清楚：周一到周五，写完作业才能有屏幕时间。但你发现孩子刚一放学就开始玩手机或者电子设备，你让他休息一下，他关了电子设备，然后生气地冲你大喊："你根本不明白！"

下意识的反应

多数时候，家长或者养育者的第一反应可能是下面这样的：
"宝贝儿，这些规矩都是为了你好，看屏幕的时间太长了对你不好。"
"我也当过孩子。我也不喜欢父母总是对我说教，但是我不会顶嘴。"

有时，尤其在我们心情烦躁的时候，我们可能会说：

（讽刺挖苦的语气）"你说得对，我什么都不懂。我们小的时候可只能在外面玩泥巴。"

设想一下这个时刻，当你的孩子说"你根本不明白"时，你的第一反应会是什么？

第一步：搭建桥梁

"你根本不明白"这句话里隐藏着一个珍贵的信息：孩子真诚地期望能得到你的理解。虽然说出的话听着像是指责（这的确不是处理问题的最佳方法），但这确实是他们在尝试发出邀请。这也意味着以前在这个话题或者其他话题上，孩子可能没有感受到被理解。你可能在大多数时候以及在很多方面是非常了解孩子的，但这是孩子在此刻的全部感受。不被人理解是什么感受？沮丧、失落。不被理解会令人生气、失望，甚至感到受伤和孤独，这些可能都是掩藏在孩子的指责言辞之下的感受。

可能的情绪翻译

可能性 A："我感到很孤单，我真的希望你能和我站在同一阵营。"

可能性 B："讨论这个话题对我来说真的很难。如果你一开始就没弄明白的话，真的很伤人，我担心后面会很难顺利谈下去。"

可能性 C："我想让你知道，我现在的感受很复杂，似乎没人能够理解。"

翻译一下孩子的情绪：

💬 第二步：言语表达

备选表达 1："似乎每次你想玩电子设备的时候，我都会让你关上。好像我完全不懂游戏对你有多重要。"

备选表达 2："我猜你觉得简直不可能跟我继续聊下去了，因为你费力跟我解释，而我在不断给你立规矩。你因此而感到沮丧失落，我一点儿也不怪你。"

备选表达 3："你说得对。对我来说想要完全弄明白你的感受几乎是不可能的，真的是太难了。"

用你自己的话来说：

我可以想象你为什么觉得我根本不明白，因为_____，因为_____，还因为_____。

🤝 第三步：付诸行动

情感支持："你根本不明白"是孩子在发出邀请，表示他们想要和你对话并拉近距离。你可以告诉他们，你愿意再尝试一次。如果他们依然愤怒或者拒绝交谈，那可能意味着孩子以往有过感到孤独和被误解的经历，需要你注意。我们在第十九章"重新来过"里有更加详细的阐述。

道歉也会有益于缓解关系，例如：

"我知道，上次咱们聊这个话题的时候我没有搞明白。我也知道似乎没必要再试一次了，因为上次谈得不太顺利，我很快就设定了限制。我很抱歉（上次没专心听/没给你发表意见的时间/没有找到办法弄清楚到底怎么回事儿），我想再试试。"

只要我们怀着诚意表达想要理解的愿望，总能等到一个机会的。你不见得能随时和孩子开始对话，但是你可以和孩子约定一个时间，随后再进一步沟通。

"小佐,我知道这件事情对你来说非常重要,但是我今天晚上要出门,我们明天晚饭时间讨论这个问题可以吗?"

行动支持:这种情况以及类似的情况下,可能还需要教给孩子直接而肯定地进行沟通。家长要起带头作用,鼓励孩子表达自己的想法。要传达给孩子一个信息,那就是你真的很好奇他的想法,真诚地希望理解他,这一点是很有帮助的。还有一点也很重要,我们要假设孩子都有着积极的意图。在这个场景中,孩子的积极意图是想要和朋友们在网络上进行社交。另一方面,孩子并不是总能自然而然地理解父母的想法。对这个孩子来说,玩电子游戏也许并不完全是件坏事情,游戏很有意思,而且还能在里面进行社交。他并不知道自己的父母不是玩着电子游戏长大的。因此,我们的工作就是要弄清楚孩子产生这种想法的来龙去脉,同时也帮助他了解我们的想法源自何处。

一般来说,一旦有了深层次的相互理解,随后就可以进行一场通情达理的沟通了。即使你设定的规矩没有任何改变,孩子也会感到自己得到了理解,而且他学到了如何表达自己的观点,这会让他感到更加自信。

※ **提醒**:真诚是你的法宝。我们得感谢孩子大脑中的镜像神经元,孩子的大脑会证明你付出的努力都是发自真心的,无论你怎样执行我们所建议的应对框架,你的真诚都有助于孩子的大脑释放出具有镇定作用的神经化学物质。

对话范例:"你根本不明白!"

孩子:"你根本不明白!"

父母:"你肯定觉得我一点儿都不懂这个游戏对你来说有多重要。"

孩子:"没错,你就是不懂!"

父母:"如果我是你的话,我也会很生气的。这个游戏给你带来了很多乐趣,我可能没有全面了解这个游戏。"

孩子:"那你为什么不让我玩呢?我的朋友们都在线,他们的家长都让他们玩。"

父母:"是啊,不能和大家一起游戏,我猜你肯定感觉很糟糕。现在科技很发达,各种游戏和应用程序要比以前更加社交化,我们小时候可不是这样的。你想和他们一起玩,这很正常。好吧,我们今天晚饭的时候一起找个解决方案。我们不会让你毫无节制地玩,但是可以找个合适的办法。"

孩子:"好吧。"

常见误区与迷思

1."可是我真的没弄明白啊。"你说得没错。我们经常不能完全理解孩子。这里有个小技巧:对于你不明白的地方以及这件事情究竟让孩子多么沮丧,这些你都可以和孩子求证,求证的过程其实就是在"弄明白",至少这是其中最重要的一步。让孩子知道你理解他们的沮丧失落,这样有利于打破僵局,让你和孩子更加亲近。孩子甚至会因此而敞开心扉,试着向你倾诉更多,告诉你发生了什么。孩子也会感谢你愿意尝试多理解他,尤其是当你们正在尝试用这种新途径彼此沟通的时候。

2."我父母从来没有完全理解过我,我现在不是照样挺好的。"对大多数人而言,这的确没错。幸好,充分理解既不可能也不必要。在这里,理解主要是指我们真正看到孩子天生具有正常的良好的动机。在很多极端情境中,当孩子感到被父母拒绝和排斥,会对事件中所有人的心理健康和幸福都产生深远的影响。作为专业人士,我们在2SLGBTQ+群体[1]的孩子、青少年、成年人以及他们的爱人

---

[1] 2SLGBTQ+群体包括同性恋、双性恋等。

身上经常见到这种情况。如果你家的话题涉及性别认同和性取向，那我们首先得承认对很多成年人来说这是养育中的一个新领域。即使你无法完全理解孩子的感受与身份认同，但是你努力去学习去了解，你的努力是在告诉孩子，就算你还没有十分明白，但是你非常用心地想要了解更多。事实上，哪怕这条理解之路格外漫长，但是在父母努力去学习了解孩子内心世界的过程中，亲子之间的感情会更加亲近。在这方面，努力是有回报的。

自我反思

在类似的情境中，当我要用言语表述孩子的情绪感受时，遇到了什么困难？

_____

在类似的情境中，当我要付诸行动时，难点是什么？

_____

将来遇到类似的情境时，我应该如何更加自信地去应对？

_____

场景 B："你永远也不会懂的！"

你的孩子想去参加一个活动，可这个活动的时间恰好和家庭重要的庆祝活动冲突了。对你来说，让孩子尊重家庭传统非常重要。当你和孩子说他不能去参加那个活动时，他小声嘀咕着："你永远也不会懂的。"

下意识的反应

多数时候,家长或者养育者的第一反应可能是下面这样的:

"行了,哪有你说的那么糟啊。你完全可以找别的时间去见你的朋友。"

"全家人都得参加庆祝活动,你又不是今天才知道。"

有时,尤其是在我们心情烦躁的时候,我们可能会说:

"你必须尊重传统!"

设想一下这个时刻,当你的孩子说"你永远也不会懂的"时,你的第一反应会是什么?

第一步:搭建桥梁

很显然,家庭和社群的价值观很重要。但孩子的观点是什么呢?孩子们往往专注于他们认为最有趣的事情上,他们看不到传统的重要性。尤其是如果他们的家庭不是来自主流文化,那么孩子会做一些朋友们不做的事情,这会让他们觉得异常尴尬。他们不知道该如何向自己的同伴解释,担心会被自己的朋友圈子排斥或被视为异类,这一点在童年中期或者十来岁的时候尤为明显。

有些孩子和自己父母的成长文化背景不同,这些孩子会同时感到来自两种文化的误解:主流文化和父母的文化社群。跨立于两个世界可能非常孤独,也许他们的兄弟姐妹或者表兄弟姐妹能理解他们。但是父母和孩子之间依然存在种族与文化的障碍。

可能的情绪翻译

可能性 A ："我担心如果不去参加这个活动的话，就会错过朋友们正在做的事情，加入朋友圈子对我来说很重要。你总是说家庭最重要，但我的朋友也很重要啊。我害怕我说出这样的话会让你生气。"

可能性 B ："你从小到大，周围的每个人都庆祝这个传统节日。可是在这里，根本没人知道这个节日是什么。我担心这会让我看起来很奇怪，我感觉会因此而受到伤害。"

可能性 C ："我和你们在这件事情上如此不同，这种差异让我觉得好头疼啊。但是我又担心如果不接受你们的方式，你们会对我很失望。"

翻译一下孩子的情绪：

_____

💬 第二步：言语表达

备选表达 1 ："我明白你为什么会觉得我根本不理解你。我们总是拽着你参加这些活动，而你更愿意和朋友待在一起。朋友对你来说意义重大，你不想缺席朋友的活动。"

备选表达 2 ："我明白，你觉得既然我和妈妈是在不同的时代长大的，那我们可能无法真正理解在这里在这个时代长大是什么样的。你可能会觉得我们永远无法真正理解你的感受。"

备选表达 3 ："我能想象得出来，当我们去参加这些活动时你觉得非常孤独。那里是我们的世界，而它只是你的世界中的一部分。"

用你自己的话来说：

我可以想象你为什么觉得我根本不明白，因为_____，因为_____，还因为_____。

🤝 第三步：付诸行动

情感支持：在某些场景中，最重要的就是要承认孩子的观点，这个场景就属于这种情况，因为整个事情都是关于孩子需要感到被人理解从而拉近关系。同时，这也是关于接纳孩子的，即使孩子与我们不同或者意见相左，我们也得接纳。安慰孩子没什么坏处，他们会从安慰中感受到你的爱跨越了目前彼此之间存在的鸿沟。你也可以提醒孩子那些情绪都会过去的。事实就是，我们把注意力尽可能地集中在情绪感受上，时而兴奋快乐，时而低落沮丧，起起落落的情绪变化有助于让孩子知道自己什么时候处在"情绪之山"的巅峰。时间也会有助于情绪的平复，无论是家庭成员还是朋友之间，时间都可以抚平一切，尤其是在这个年纪。要先用验证句式，这样才能打开孩子的心门。

行动支持：年纪小的孩子当然需要一直跟着父母。但是随着孩子年龄增长，你可以考虑和孩子沟通一下你对他的一些要求和权利。比方说，你可以允许孩子邀请朋友来家里，或者在孩子做完该做的事情之后允许他去见朋友。你也可以允许孩子缺席某些家庭活动，只要他保证参加其他的家庭活动。如果在出席活动方面没有商量余地的话，那么你可以和孩子沟通一下在出席活动期间可以做哪些事情。

对话范例："你永远也不会懂的"

父母："星期六我们全家要一起庆祝节日。"

孩子："不，那天有小艾的生日庆祝会！哎，你永远也不会懂的。"

父母："我明白你为什么觉得我不懂。我们总是拽着你参加这类活动，而你更想和朋友们在一起。对你来说朋友是很重要的，你不想错过任何朋友的活动。"

孩子："不光是你说的这些，小艾还是我最好的朋友！"

父母："看来去参加她的生日会对你来说真的很重要，你不想让她扫兴，而且生日会肯定非常好玩。真是好难办啊，节日庆祝活动和生日会刚好赶在了同一天。"

孩子："我知道节日庆祝也很重要，但是真的没办法两个都参加吗？"

父母："好吧，节日庆祝要到傍晚才能结束。我知道这可能不是个特别好的方案，不过你愿不愿意晚饭后让我送你去小艾的生日会？"

孩子："总比不去要强一点儿。那我该怎么和她说？"

父母："我们一起来想想。"

※ 提醒：我们建议的流程并不是一个魔法公式。你以前学到的有关回应孩子想法与感受的方式可能与这里讲的大不相同，这可能会让你感到困惑。我们强烈建议你尽可能地按照步骤多试几次，随着你的尝试，事情会逐渐发生改变的。

常见误区与迷思

1. **"这件事儿没有商量的余地。"** 如果某个家庭传统极其重要，可能让人觉得根本没有商量的余地。也许你家从来没有进行过这类问题的商讨。有的孩子会遵循着家庭传统度过整个青春期。但是在非主流文化中就很不容易了，孩子会看到朋友们的生活和自己的很不一样，这会让他们感到被误解。如果有这种情况发生，那么即使孩子表面上还在遵循着规则，但是他们可能在感情上与父母更加疏离。他们也许会感到愤怒、怨恨，或许会变得更加焦虑和不快乐，还会抱怨身体不舒服并以此为由逃避参加家庭活动。一点点沟通就可以帮助孩子感到与你更加亲近，感到自己是参与其中的。也许在你自己的成长过程中这种事情没必要商量，但是，对现今的孩子来说，这一点会对他们的幸福感产生巨大的影响。

2."**这是非常不尊重的表现，他不重视我们的传统。**"如果在你所成长的家庭中孩子从不质疑或反对父母，那么孩子要求去一个生日会而不去参加家庭节日庆祝活动似乎是很失礼的，给人感觉孩子很不重视家庭文化。孩子排斥家庭文化令很多家长痛苦。所以，如果你察觉到自己有些生气（当我们感到不被尊重或者遭到拒绝时，生气是完全正常的），那么你可以花点儿时间确认这一点并善待自己。孩子不理解我们文化的重要性，这是件令人痛苦的事情，我们无法掩盖这些感受。但接下来我们可以回到第一步搭建桥梁，去理解孩子的观点。孩子优先考虑自己感兴趣的事情，这再正常不过了。在这个情境中，我们要意识到孩子的愿望并不是违背父母的意愿，只是生活经历和个人偏好的差异而已，随着时间的推移，这些尖锐的棱角会被逐渐磨平的。认识到这一点会大有裨益。

自我反思

在类似的情境中，当我要用言语表述孩子的情绪感受时，遇到了什么困难？
_____

在类似的情境中，当我要付诸行动时，难点是什么？
_____

将来遇到类似的情境时，我应该如何更加自信地去应对？
_____

要去参加婚礼了，你换好裙子了吗？
你根本不明白！
你在说什么？都几点了，得赶紧出发了。
有什么事情和你妈妈说去。

要去参加婚礼了，你换好裙子了吗？
你根本不明白！
我肯定漏掉了什么信息。
我告诉过你了，爸爸。我不穿裙子，我不喜欢女孩子气的衣服。
哦，我刚才没把这两件事儿联系起来。
难怪你这么生气呢。我不应该让你穿你不喜欢的衣服，这对你来说很重要。
我一次又一次犯同样的错误，让你很生气。可能你觉得我不关心你不在意你。
哇哦，你这样我也怪不好意思的。没错，我希望自己酷一些，你下次要是能记得就好了。
好的，下次我们可以一起去逛街，给我看看你的风格是什么样的。

第十三章 "我不知道选哪个……"

孩子选择困难的原因有很多，原因之一就是犹豫不决。我们见过很多孩子面临选择时呆若木鸡、手足无措甚至崩溃暴走，因为他们被那么多选项给淹没了，或者不知道该说些什么，以及无从下手。如今，各种商品、服装琳琅满目，生活的方方面面都充满了选择。难怪选择已经成为一种常见的痛苦来源了。在童年以及青春期阶段，孩子的大脑往往不够灵活，尤其是孩子卡在某件事情上时，大脑因为缺乏灵活性而更加无法顺利行事，这会进一步影响整个家庭。如果事情紧急或者提供的选项与孩子的心智发展水平不相符，那么当然需要父母介入，帮助孩子进行抉择。然而，选择是成长的一部分，学习做出选择也有助于孩子建立自信。

场景A："我不知道选哪个……"

我们来看这个情景：孩子看完牙医之后可以挑选一个小玩具作为奖励，或者在一个生日会上要选一个冰棍。孩子非常苦恼，他对父母说："我不知道选哪个……"

下意识的反应

多数时候，家长或者养育者的第一反应可能是下面这样的：
"快一点儿，你更喜欢哪个就选哪个。"

"我觉得你应该选红色那个。"

有时，尤其是在我们心情烦躁的时候，我们可能会说：

"又来了！你要是选不出来，那我来帮你选，要不然就什么也别拿。"

设想一下这个时刻，当你的孩子说"我不知道选哪个……"时，你的第一反应会是什么？

第一步：搭建桥梁

做决定真的很难！做出选择实际上要付出很多精神能量，可供我们选择的选项越多，承受的压力也就越大。我们经常被教导说，做决定是一个讲究逻辑的过程，然而决策往往都是在情感层面上做出的，至少在某种程度上是这样的。那些很难调整自己情绪和身体感受的孩子在进行选择时也会更加艰难。富有同情心的孩子、敏感的孩子、完美主义的孩子以及焦虑的孩子也可能会害怕自己做出的选择会让父母不满意，或者担心自己的选择不是"最佳"的。另外，FOMO[1]也会影响孩子做选择。（不记得FOMO是什么？去问问你的孩子，他们会很乐意告诉你的，因为他们发现父母也不是什么都懂，父母也需要人教。）

可能的情绪翻译

可能性A："这些小贴纸很酷，我很喜欢。但是我担心选了贴纸我将来会后悔，因为小贴纸可不像恐龙玩具能玩很久，小贴纸也许过不了多久就坏了丢了。"

可能性B："我想吃巧克力冰棍，但是我知道大人们肯定觉得水果冰棍更好一些。我不想让别人对我失望。"

1　FOMO, fear of missing out, 错失恐惧症，害怕自己错过某些事情和活动。

可能性 C："我好烦啊，因为我说不出来想要哪一个，我肯定没法这么快就选好。我的脑子里全都是正方和反方在打架。"

翻译一下孩子的情绪：

_____

💬 **第二步：言语表达**

备选表达 1："真是好难选择啊！这里面有好几个你都挺喜欢的，你不想选错。"

备选表达 2："对呀，要是只有一种颜色可选的话，那就容易多了，你根本就不用选。想知道哪一个才是最好的可真是太难了。"

备选表达 3："我敢说你肯定每一个都想要，可惜只能从中选一个，真是太难了，而且你还感到很有压力，这就更难做出选择了。"

用你自己的话来说：

我可以想象你为什么觉得很难做选择，因为_____，因为_____，还因为_____。

※ 提醒：如果你先用言语表达出孩子的想法，那么孩子的大脑会更加开放，他们会更容易接受你的情感支持与行动支持，哪怕是你给他们立规矩都可以。

🤝 **第三步：付诸行动**

情感支持：对很多孩子来说，尤其是年幼的孩子，选择困难是一种很常见的经历。当你把他们的感受用言语表达出来以后，你就可以耐心地陪在一旁，让孩子自己掌控整个选择的进程。通过心平气和的陪伴，我们可以教给孩子两个技能：容忍怀疑（我选的是最好的吗）和面对不确定性（如果我对自己所选的东西不满意怎么办）。我们可以和孩子沟通，告诉他们难以选择是非常正常的，你相信他们有能力做出好的选择。你还可以让他们知道，如果他们向你求助，你会随时伸出援手。

行动支持：如果可能的话，我们不要催促孩子，强迫他们立刻做好选择，或者越俎代庖替孩子做选择。我们希望孩子有机会走出这个困境。然而，父母没有一整天的时间用来等待，如果孩子真的困在某处了，设定一些清晰的限制对孩子是有帮助的，比如，告诉他们有多长时间可以用来做选择。可能还得把备选项的数量控制在一个较小的数目内（例如只提供两个选项而不是四个）。如果孩子此刻真的状态不佳，你可以鼓励他稍微休息一下，从做决定这件事情上暂时抽离出来，做点儿别的事情，比如游戏或者其他活动。

关于选择的一些说明：选项少一些有助于孩子做出选择，太多选项会增加孩子的焦虑。如果可能的话，对于年龄小的孩子，我们建议只给两个选项，最多不超过三个，而且让孩子进行的选择应该是合理的。例如，要求孩子选择全家当天要进行的活动，或者让孩子决定晚餐吃什么，这些通常是比较困难的决定。有时，父母或者养育者希望让孩子决定自己想做什么，认为这样会让孩子快乐，但结果往往是给孩子带来压力，最后反而产生了相反的效果。随着孩子年龄的增长，他们可以参与一些家庭决策，发表自己的意见（这种参与对年龄稍大的孩子很有益处），但是要用对孩子有意义的方式，要符合他们的年龄和发展水平。例如，一个开始挑食的孩子需要父母重新加以干预，帮助孩子挑选食物，直到孩子能再次做出合适的选择。

对话范例:"我不知道选哪个……"

你去参加女儿的幼儿园开放日活动,她面前有一个小筐子,里面放满了小贴纸和小玩具,她要从中选一个。她抬头望着你,很着急地说:

孩子:"妈妈,我不知道选哪个……"

妈妈:"真是个困难的选择呀!它们看上去都很好玩,你不希望自己选错了。"

孩子:"嗯,我想要小贴纸和青蛙,还有尺子。"

妈妈:"我知道这几个你都很想要,从里面选一个真是太难了,每一个看上去都很不错。"

孩子:"是呀!我就是不知道该选哪个!"

妈妈:"真是太难了!你不希望选好之后又对自己的选择不满意。我知道你肯定能选好的,我可以帮帮你。家里已经有一把尺子了,你从小贴纸和青蛙之中选一个怎么样?小贴纸很好玩儿,亮闪闪的,不过青蛙可以玩儿更长时间。你觉得呢?"

孩子:"青蛙!"

妈妈:"哇,你做到了!选得很棒!好吧,我们去找爸爸。你打算给你的新伙伴起个什么名字呢?"

常见误区与迷思

1."我不想在这么小的事情上给孩子压力。"你说得没错。把时间花在处理这类事情上有时的确不太划算。问题是,如果孩子习惯性地避免做决定,他们可能会一直回避下去,依赖周围的人做决定。当孩子年龄尚小的时候,偶尔遇到决策困难,我们花点儿时间帮他们练习,会相对容易一些,总比将来问题变得严重时再处理要好得多。练习做选择真的可以减轻压力，另外，看到自己做完选择之后事情一切顺利或者至少没那么糟糕，也可以减轻压力。也就是说，我们鼓励父母选择你的"战场"，如果你有很多其他问题需要处理，那么也许现在不是进行这种训练的好时机。

2. "你真的要建议我们在这么小的问题上也用上策略？"记不记得我们在本书的第一部分谈到过这种方法的基本原理？它不仅有助于加强亲子之间的合作，降低吵翻谈崩的可能，还能促进大脑中负责协调情绪和理性思维的部分得到发展。每次使用这种方法的时候，你都是在支持孩子大脑的生长，让孩子大脑各个部分协同工作，做出选择，调节强烈的情绪感受。这就意味着这样的互动——即使处理的不一定都是大问题——有助于构建和加强孩子在各种情况下的抗压能力。因此，从某种意义上说，你可以把它看作是一种神奇的投资，投资在一种对孩子发展极其有价值的能力上。

自我反思

在类似的情境中，当我要用言语表述孩子的情绪感受时，遇到了什么困难？

在类似的情境中，当我要付诸行动时，难点是什么？

将来遇到类似的情境时，我应该如何更加自信地去应对？

场景 B："我就是不知道该选哪一个！"

我们来看一个大孩子的例子，这个孩子的家庭作业是从十个备选题目中挑一个，然后写一篇文章。孩子盯着题目列表已经一个小时了，她眼圈发红，马上要哭出来了，她说："我就是不知道该选哪个！"

下意识的反应

多数时候，家长或者养育者的第一反应可能是下面这样的：

"选哪个都可以，我知道你肯定会写得很好的。"

"你很喜欢运动，选那个运动的题目怎么样？"

有时，尤其是在我们心情烦躁的时候，我们可能会说：

"这有什么难的，赶紧选一个出来！"

设想一下这个时刻，当你的孩子说"我就是不知道该选哪一个"时，你的第一反应会是什么？

第一步：搭建桥梁

想象一下，你收到了三份工作录取通知，它们略有不同，每个工作机会都有独特的优点和缺点。该选哪一个呢？你可能会向别人征求意见，或者画个表格，根据各种因素对每份工作进行评分，以便更详细地进行分析，你甚至可能会要求工作单位再多给你一段时间来做决定。我们把这个例子记在心里，然后把它套用在孩子以及孩子所处的世界中，我们就能更容易地想象出他们要从十个题目中选出他们觉得真正重要的那一个是什么感受了。在他们的小小世界里，日常的选择确实像是重大决定。只有我们承认他们的压力并支持他们，才能有助于他们渡过这些难关。

可能的情绪翻译

可能性 A："我有些担心，如果我选错了题目，我会得一个很差的分数。那样的话，我没法面对那种焦虑和耻辱。"

可能性 B："如果我选错了，那文章会很难写，我可能没法完成。我不想后悔自己的选择，那种感觉太糟糕了。"

可能性 C："要是老师不喜欢我写的文章怎么办？他觉得我很笨怎么办？"

翻译一下孩子的情绪：

_____

※ 提醒：此处列出的可能想法是为了让家长与孩子之间建立一种联系，这些联系可能是孩子的美好意愿、脆弱情感或者导致他们当下状态的情感需求，哪怕孩子表面上表现出来的并不是这样也没关系。

💬 第二步：言语表达

备选表达 1："从这么多题目中选出一个真的很难，尤其是你觉得你得选出某个特定的题目才能写出一篇好文章。"

备选表达 2："难怪这个题目列表让你这么困扰！你想尽力做到最好，让老师满意。想知道老师喜欢哪个题目肯定很难。"

备选表达 3："我能想象得出来，要从这么多题目中选一个肯定让人感到压力很大。你可能担心将来会后悔为什么没选其他的，所以就卡在这里没法进行下去了。"

用你自己的话来说：

我可以想象你为什么觉得很难做选择，因为_____，因为_____，还因为_____。

🤝 第三步：付诸行动

情感支持：和前面那个场景类似，这种情况下孩子需要你的信任，信任他们能独立解决一些问题。他们还需要学会管理学校和生活中的不确定性所带来的焦虑。我们推荐的做法是向孩子传达你的信心，无论他们做出怎样的决定，你都信任他们有能力应对出现的任何问题。还有一点可能对孩子也有帮助，那就是提醒他们做决定的过程也是了解自己的一种方式，因此无论最终的选择是什么，孩子下一次都会有更好的准备。如果孩子真的后悔自己的选择，你可以提醒他：（1）后悔的感觉总会过去的；（2）我们可以从后悔和遗憾中了解到什么东西对我们才是真正重要的；（3）我们永远无法准确预测或者知道接下来会发生什么，但我们可以满怀信心，相信我们有能力应对任何发生的事情。

行动支持：正如我们刚才所描述的场景，很多孩子因为决策问题来求助，实际上他们并不需要行动上的支持。通常他们需要的只是情感上的支持，帮助他们的大脑从决策压力中解放出来，冷静一下，这样他们能更加清楚地思考接下来要做什么。对于那些需要行动支持的孩子，你可以考虑跟他一起梳理一遍所有选项，让孩子意识到哪些选项他觉得更有吸引力。与其说是思考，不如说是关注哪些题目能引发孩子自然的兴趣、好奇心或热情。比方说，你可以给孩子一些建议，让他想象一下选择了某个题目并准备开始动笔写文章，然后问他："感觉如何？"你可以问得更具体一些，问问孩子是否察觉到身体有什么感觉。这个过程会花一点儿时间，可能需要做几次深呼吸来帮助孩子调整自己的感受，尤其是对那些不习惯这样做的孩子，但是这种努力是非常值得的。我们的身体是非常可靠的信息源，可以告诉我们对事情的感受如何。例如，如果他能察觉到在某个题目上他感到沉重和紧张，而在另一个题目上他感觉轻松而平静，那么他自己就知道答案了。一旦孩子捕捉到了自己的直觉反应并信任它，决策过程就会变得更加简单。还有一种传统的方法，可以协助孩子列一个利弊清单，或者集思广益，从而获得更多信息以便做出决定。事先对各个选项做点儿调研工作，通常有助于弄清楚自己更喜欢哪一个，但是很多孩子需要一些提示，把事情分解成更小的步骤。

对话范例："我就是不知道该选哪一个！"

你经过孩子的卧室，她本该在那儿写作业的，但是你却发现她坐在桌前低着头。你问她怎么了，他说：

孩子："老师给了我们这张纸！我就是不知道该选哪一个！"（她把那张纸朝你这边扔过来，你看到纸上列了十个需要阐述观点的作文题目）

妈妈："噢，这么多备选题目啊。每个题目看上去都不是非常有吸引力，对吧？"

孩子："我甚至都不知道有的题目是什么意思！"

妈妈："好吧，让我来看看。"你开始读："社交媒体对孩子的影响……"

孩子："妈妈！这些题目听上去太傻了！你别读了！"

妈妈："好吧，知道啦。要从这些题目中选一个出来，你觉得很有压力，因为你想把文章写好，但是很难说哪个题目最好写。"

孩子："我对'纸张还是塑料'这个主题一无所知，任何内容都不了解。"

妈妈："要是对主题不了解的话，的确很难选出来。你肯定不想把时间都浪费在一个写不出来的题目上。我们可以一起查阅一些资料，了解有关这些题目的内容。"

孩子:"然后呢?我该怎么选?"

妈妈:"我见过你以前在确定项目主题时选了你喜欢的那个题目,我觉得你现在肯定也能选出来。你自己最了解自己的兴趣点,再做点儿预先调研的话就更容易选出来了。"

孩子:"可是要是老师不喜欢这个题目呢?"

妈妈:"我明白你为什么在意她的看法,因为她要给你的文章打分,你希望得到一个好成绩。你想想,老师要是不喜欢这些题目的话,她会把这些题目列给你们吗?"

孩子:"我猜不会的,好吧,我再看看这些题目。你可以和我一起看吗?"

妈妈:"我得去准备晚饭了,要不你先自己看一下?这是你要写的题目,我相信你肯定能选出一个很好的题目的。"

孩子:"好吧。"

孩子:(半小时后在楼上大喊)"妈妈,我打算写'获诺贝尔奖的女性'。"

妈妈:"太棒了,你选出来了!应该会很有意思的,到时候你就能教我一些知识了。"

常见误区与迷思

1. "可是我希望她能做得特别好。她选的那个题目可能她自己根本搞不定。"作为父母,最困难的事情之一就是站在一旁眼睁睁地看着孩子做了一个不那么明智的决定。我们拥有如此之多的经验和智慧(往往是历经艰辛才获得的),我们想把这些分享给孩子。当我们看到孩子所做的选择是我们根本不会选的,或者孩子偏偏选了一个难度大的(无论是对他而言还是对我们),我们自然而然地想帮助他们,就像引导船只朝着正确的方向航行。孩子可能会注意到父母的强烈愿望从而修正自己的决策结果，短期内他们也许还可以继续遵循父母的意见，但是从长远来看，这会让孩子更难相信自己的直觉。当你给孩子更多的机会让他自己去犯错，你可能会惊喜地发现他变得更加果断了，你也会为他日益增加的能力而感到自豪。

2."符合现实世界的期待是非常重要的。"现如今的孩子似乎被教育得过分专注于做他们觉得适合自己的事情。虽然我们承认"遵从本心"很重要，但是帮助孩子去考虑其他的观点也是非常有用并且重要的。毕竟，老师让孩子做一些自己的化学实验时，更愿意看到他们做一个合理的、正经的化学反应实验，而不是像"口香糖要嚼多久才会完全没有味道"这样的实验。决策可能也需要符合团队、集体或者社区的最佳利益。做决策可能引发一些有关儿童价值观的讨论。根据我们的经验，如果能在他人的帮助下去探索自己对各种可能结果的想法和感受，那么大多数孩子能做出对自己、对他人都有好处的积极选择。

自我反思

在类似的情境中，当我要用言语表述孩子的情绪感受时，遇到了什么困难？

_____

在类似的情境中，当我要付诸行动时，难点是什么？

_____

将来遇到类似的情境时，我应该如何更加自信地去应对？

_____

第十四章 "不要去上班!"

对大人来说,"不要去上班"这句话可能会成为一个终极引爆点。你有没有感到身体内的各个器官都开始做出反应,暗潮汹涌?当这种情况发生的时候,有时孩子看上去就像戏精上身,甚至专横霸道,简直气得人胃疼。

根据我们的经验,孩子并不是故意要"操纵"或者"控制"我们,而是试图用他们所知道的最好的方法去应对那些令他们感到压力的状况。有时,孩子体验到的担心会让他们感到身体不适(有关这个话题的更多内容,请参看第九章"我肚子疼……")。有时,这是他们表达愤怒情绪的一种面具,他们可能感觉很不爽,这种愤怒尤其会针对那些他特别希望陪在他身边的人。

场景A:"不要去上班!"

我们来看这个情景:傍晚,因为一些工作上的事情,你正打算出门。你正在换衣服,孩子冲进你的房间,跳上床大喊:"你不要去上班!"

下意识的反应

多数时候,家长或者养育者的第一反应可能是下面这样的:
"宝贝儿,你是个大孩子了,自己去玩吧,妈妈今天晚上得出门工作。"
"好好在家,奶奶会陪着你的。"

有时，尤其是在我们心情烦躁的时候，我们可能会说：

"你整个下午在外面疯玩的时候可没见你这么在意我。"

有的家长可能会悄悄出门，以避免引发孩子的抗议。

设想一下这个时刻，当你的孩子说"不要去上班"时，你的第一反应会是什么？

第一步：搭建桥梁

孩子们依靠父母，从父母那里获得安全感。很多孩子一直到青春期还会因为分离而感到不适。有些孩子的天性更加容易焦虑，有的孩子可能曾经经历过很大的压力，当这些孩子的主要照料者要离开一段时间时，孩子可能会变得非常焦虑和愤怒。他们可能会觉得你不关心他们，或者担心自己会被悲伤淹没，可能还会担心一些不好的事情将发生在自己或者你身上。年幼的孩子还没有很好的时间概念，所以他们很难理解会发生什么。

※ 提醒：首先尝试猜测一下相关的背景信息：最近刚刚发生过什么事情？你的孩子在类似的情景中是否会变得沮丧？关键的一点是你要问问自己：对于我家孩子的抱怨，哪种表述最让他感到受伤和脆弱？

可能的情绪翻译

可能性 A："我会非常想你的，那种感觉对我来说太强烈了。"

可能性 B："我担心有什么不好的事情会发生在你或者我身上。"

可能性 C："你又要离开了，我很生气。"

翻译一下孩子的情绪：

_____

💬 第二步：言语表达

备选表达1："难怪你不想让我走。我完全能想象你在担心什么，你担心我走了之后你会很想我，我不在你身边，很难帮你面对那种难过的感觉。"

备选表达2："你肯定觉得要过很久才能再看到我。你可能害怕我离开之后会发生什么可怕的事情，我知道你想让我留下来陪你。"

备选表达3："我敢说你肯定很生气，我又要走了。我能想象得出来，你肯定感觉很不舒服，工作怎么就那么重要呢？"

用你自己的话来说：

我可以想象你为什么不想让我去工作，因为_____，因为_____，还因为_____。

※ 提醒：有一点非常重要，那就是我们不能止步于此。对焦虑的孩子来说，付诸行动的步骤是非常必要的，如果不进行接下来的步骤的话，确认孩子感受的这个环节会让孩子陷入持续担忧的恶性循环。说出孩子的真实想法，会让孩子的大脑更加具有灵活性，有助于进行接下来的步骤。

🤝 第三步：付诸行动

情感支持：孩子们需要安全感，需要感到被人关心，哪怕主要照料者不在身边，他们也需要这些。大多数时候，让孩子感到安全的最有力的方法就是向孩子表示你很信任那个代替你来照顾孩子的人。你要表达的内容是："我很相信这个人。"孩子还需要对你们之间的关系感到安全，哪怕你不在身边。他们还需要知道，看不见并不意味着不放在心上，即使你没有和他待在同一个房间里，你仍然在想着他们。最后，要表达出你的信任，相信孩子有能力管理好一切，这一点对孩子非常有帮助。你可以说类似这样的话："上次我出门的时候，你给你的毛绒玩具读了一个故事，这件事儿让我印象深刻。"或者说："我知道的，你现在又长大一些了，你会发现和爷爷一起度过这个晚上不是件难事。"你把谈话的焦点从孩子的焦虑转到孩子的能力上，这样做会帮助孩子也进行同样的焦点转移。你还可以提醒孩子，那些不好的感觉总会过去的（情绪总是起起落落的）。花几分钟时间和孩子进行一对一的相处也会让这种转换变得更容易。

行动支持：如果孩子分离焦虑很严重的话，你可以通过保证让他们感到安全，此外，他们还需要得到一些额外的帮助，用适合他们年龄的方法帮他们面对恐惧。也许是送孩子去幼儿园，也许是第一次坐公车参加生日聚会，无论是哪种情况，多数孩子都会在某个时刻产生分离恐惧。提前做些计划会让事情变得更容易一些。以下事项是分离之前需要考虑的：

1. 对孩子说实话。有的家长尝试在孩子心情好的时候偷偷离开，或者说些善意的谎言，这种做法虽然很诱人，但是如果孩子意识到自己被骗了，他们会变得更加焦虑。他们会预计到以后还有可能被骗，这会提高他们的警惕性。
2. 先和孩子练习小的短暂的分离，然后再逐步过渡到长时间的分离。
3. 向孩子传达你的信任，相信他们有能力处理好分离。进行铺垫工作时尽量用积极的语言，例如"你和保姆会玩得很开心"或者"我们来计划一下，你和爸爸周五晚上可以做些什么特别的事情"。尽量避免反复确认或者质疑，比如"你很担心吗"或者"你确定你现在一切都好吗"。

就算你尽一切可能去做准备和铺垫工作,有的时候孩子依然会出现焦虑的情况。在这种时候,你仍旧需要为孩子提供支持。你可以向孩子保证会把他交给一个值得信任的人照顾,你甚至可以使用一些奖励机制来确保事情朝着正确的方向推进并坚持到底。换句话说,安慰孩子很重要,同时,和原定计划保持一致并坚定执行也同样重要。

对话范例:"不要去上班!"

孩子:"妈妈,你不要去上班嘛!"

妈妈:(转向孩子,弯下腰或蹲下来保持和孩子差不多的高度,握住孩子的手)"哦,小宝贝儿。我要去上班而你不能跟着我,这真是太不公平了。"

孩子:(转过身去)"真不公平!我不想让你走,我生你的气了!"

妈妈:"我想,有的时候你可能会担心要过很久才能见到我,这让你很不开心。我敢说你肯定希望我从早到晚一整天都和你在一起。"

孩子:"我甚至都不知道你什么时候会来接我回家。"

妈妈:"是呀,这种感觉可真是太糟糕了!好吧,你知道的,通常是妈妈去幼儿园接你放学的,我们会一起走路回家。我一般两点半以后会来接你。要不要我告诉你怎么认识钟表上的时间?有的时候我可能会晚一小会儿来接你,但是我肯定会来的。"

孩子:"好吧,妈妈。"

妈妈:"来抱抱吧。我们把书包准备好,然后你可以给我讲讲你正在做的这个火箭。"

常见误区与迷思

1."我真是个糟糕的家长,或许我不该返回职场工作。"你既要照顾孩子又要忙工作,还要进行社交,要照顾好自己,要……作为父母,想摆脱压力全情投入上述这些事情中,真的是太难了。在离异家庭中,这就更是难上加难了,因为在这种家庭中与孩子一起相处的日常时间可能更少。尽管很多父母已经在努力做出最好的选择,但是仍然感到被不同的事情朝不同的方向撕扯着,这种感觉很不好。如果你对这一点感同身受的话,那么请回到第四章去练习善待自己的策略。稍稍置身事外一些,就事论事,事情会变得更容易更轻松。在养育方面,大量研究一再表明,质量要比数量更加重要。身为父母,我们都曾感到过惭愧,担心自己为孩子做得还不够,我们需要认识到,当这种想法冒出来的时候,不能让它左右了自己的家庭教育方针。当我们需要外出时,孩子可能会有抱怨,但是当他们看到父母快乐和充实,也会从中受益。无论我们的生活是什么样,都需要在生活现实中找到平衡。

2."我也很想孩子,和孩子不在一起的时候,我也很惦记他是不是一切都好。"很多父母希望和孩子待在一起的时间更长一些,他们会担心孩子感到孤独寂寞。如果我们童年的时候有过这种感受,那当了父母之后就更难面对分离了。如果你能体会那种感觉的话,那每次和孩子分离,你都有可能重温一遍自己当年的痛苦。就算你什么都不说,但是孩子有着敏锐的"触角",可以捕捉到照顾者的恐惧。这会发展成为一个循环——孩子对分离感到焦虑,父母看到孩子焦虑也变得焦虑起来,接下来孩子察觉到了父母的情绪,进而变得更加焦虑。照顾者需要率先打破这个恶性循环,可以制定一个分步计划,循序渐进地增加分离程度,并让孩子看到一切都进展得很顺利。本书附录的推荐书目清单中有一些很好的图书及网站资源,里面会具体介绍怎么做。对于年龄较大的孩子,与父母短暂分离是他们成长的重要组成部分。给他们一些独处的时间,让他们自己去安排管理,你会看到孩子的自信心增强了，处理事情也更加游刃有余了。

3."我不想破坏亲子之间的依恋关系。"一些关于"依恋"的书籍或者网站可能会说：与父母分离时体验到的痛苦会对孩子造成伤害。我们当然不想给孩子造成任何伤害，然而有着分离恐惧的孩子会感受到很多痛苦，这就强化了一种想法：暂时的分离会对孩子造成伤害。我们有关依恋的一些出色研究表明，适宜的照顾和安慰的确对孩子的幸福健康至关重要，然而，要想让孩子得到健康的情绪发展，父母和孩子要在亲密与分离之间取得一种平衡。健康的依恋既能带来安全感的支撑，也有助于面对暂时的分离。如果孩子在幼儿园、学校以及其他环境中获得了足够的基本依恋和高质量的支持，那他们没问题的。换句话说，他们不需要霸占主要照顾者所有的时间，尤其是五六岁之后，离开孩子一小段时间是完全可以的。事实上，当孩子面对分离进行调整的时候，最重要的是他们的情绪感受是否得到了表达以及被妥善处理。

自我反思

在类似的情境中，当我要用言语表述孩子的情绪感受时，遇到了什么困难？
_____

在类似的情境中，当我要付诸行动时，难点是什么？
_____

将来遇到类似的情境时，我应该如何更加自信地去应对？
_____

场景 B："你更在意你的工作，一点儿也不关心我！"

你的孩子今年入选了篮球队，这让他非常兴奋。每周三晚上，他的球队都会和学区的另一支球队打比赛。可是在每周的同一天你都要召开员工会议。你偶尔可以调整一下会议时间去看看孩子打球，但是肯定不能像你（或他）期待的那样频繁去观看。某个星期二的晚上，儿子问你第二天是否能来看他比赛，你说不行。他转身走开，一边走一边气呼呼地说："你更在意你的工作，一点儿也不关心我。"

下意识的反应

多数时候，家长或者养育者的第一反应可能是下面这样的：

"事情不是那样的，你怎么会这样说？"

"你对我很重要，但是会议时间早就定好了。"

有时，尤其是在我们心情烦躁的时候，我们可能会说：

"总得有人赚钱养家供你吃供你喝吧，更别说你的那些运动装备了，花了我一百多块钱。"

设想一下这个时刻，当你的孩子说"你更在意你的工作，一点儿也不关心我"时，你的第一反应会是什么？

第一步：搭建桥梁

这种指控真的很扎心，有的父母会对这种话耿耿于怀，有的父母会认为孩子夸大其词了。到底怎么理解，取决于你、孩子以及事情发生的情境。无论如何，在搭建桥梁理解孩子的想法之前，你要先花点儿时间检视一下自己的反应。当孩子做出这样的指控和抱怨时，他们往往感到被遗忘，或者很想念你，或者因为你缺席了某些活动而感到失望。

可能的情绪翻译

可能性 A："你把很多时间花在了工作上，我很想见到你，但是我不太好意思承认这一点。"

可能性 B："我想让你来看我的球赛，但是你要工作不可能来参加，我很生你的气。"

可能性 C："我很难过，就算我不说，你也应该把时间、精力和注意力多花一些在我身上。我担心你根本不重视我。"

翻译一下孩子的情绪：

―――――――――――――――――――――――――

※ 提醒：此处列出的可能想法是为了让家长与孩子之间建立一种联系，这些联系可能是孩子的美好意愿、脆弱情感或者导致他们当下状态的情感需求，哪怕孩子表面上表现出来的并不是这样。

💬 第二步：言语表达

备选表达 1："你生我的气我一点儿也不怪你，因为工作又一次妨碍了我们。你想让我对你的事情更加上心，可是我却不能出席你的活动，这让你很受伤害。"

备选表达 2："你当然有权利不开心。你真的很需要我去给你加油助阵，可是我却没法去参加。你肯定觉得你的事情在我这里一点儿也不重要。如果我是你的话，我也会感到很难过的。"

备选表达3："我能想象得出来，我们没去参加你的活动，而你朋友们的父母都去了，你会觉得有些尴尬。你可能会觉得不知道怎么解释我们不去的原因。这让你很不开心。"

用你自己的话来说：

我可以想象你为什么不想让我去工作，因为_____，因为_____，还因为_____。

第三步：付诸行动

情感支持：这个场景和本章第一个场景略有不同。在之前那个场景中，父母比较镇定，而孩子很焦虑；在这个场景中，孩子有失望的情绪，孩子感到生气和受伤害，而不是焦虑。虽然对父母而言，始终把孩子放在首位是不现实的，也是无济于事的，但是如果你愿意的话，为孩子所受到的伤害而道歉会有些帮助。你还可以用语言和行动向孩子保证你是爱他的、想和他亲近的、很在意他的。我们每个人都有不同的方式来表达这一点。对有些人来说，可能是用口头的方式——例如，我们前面列出的那些备选表达，说完之后再加上"我真希望我当时能在场，我喜欢看到你运动时的样子"。

行动支持：这类抱怨可能表明孩子觉得缺乏高质量的亲子时间。我们可能非常忙碌，有很多事情要费心分神，因此没有花太多时间真正和孩子待在一起。如果你对此感同身受，或许你想为缺少亲子联系承担一些责任，并提供现实可行的途径来扭转局面，比方说安排一个特别"约会"，或者为下一次活动制定计划，通过这些方式来改变孩子的感受。值得高兴的是，加强与孩子的关系并不会占用太多的时间，即使每周只花三十分钟时间专注在孩子身上，也能加强亲子关系。

这就像是把钱存入情感银行。如果孩子在日常生活中得到了足够多的情感联系，那么他就有可能更好地包容分离与爽约这类事情。

※ **有关新伴侣和再婚的一点儿提醒**：如果你身处新的婚姻关系中，可能也会听到这样的抱怨："你更关心（你的新伴侣），都不在意我。"你试图一碗水端平，照顾到每个人的感受，但是却无法让每个人都满意，这是很令人痛苦的。回看第七章"你更爱姐姐……"里面相关的内容。另外，你可以重读本章的前半部分，把其中的"工作"替换成"新的伴侣"。

孩子们特别在意与父母的一对一相处时间，新的伴侣和家庭成员往往会改变这种局面。这不是一个对与错的问题（父母当然可以追寻自己的爱与幸福），关键问题是要敞开心扉去接纳孩子对这些变化的看法与感受。这其实并不难，你也不用修炼什么"分身术"，你只需要关注你爱的人的感受，支持他们迈过这道坎。

对话范例："你更在意你的工作，一点儿也不关心我！"

孩子："你更在意你的工作，一点儿也不关心我！"

爸爸："你生我的气，我一点儿也不怪你。因为我答应要尽量多出席你的活动，可是又一次因为工作而食言了。我明白，这显得我很不关心你。"

孩子："你说的话完全没法让人信服，爸爸，你别再假装理解我了。"

爸爸："如果我是试着说一些我觉得你想听的话，那才是没法让人信服呢。你完全有权利不高兴，你想要的只不过是让你的爸爸多注意你，对你的事情感兴趣，而我没做到，这让你很难过。"

孩子："科学博览会是个大活动，我们得了二等奖。小杰的爸爸都去了，人家还是公司老总呢！"

爸爸："哎呀天哪，这就更让人难过了。听上去我真应该去参加。我真希望我当时也在场,我真的想看看你们的作品,听听有关博览会的事情。"

孩子:"哎,你可能真的是太忙了。"

爸爸:"我的确经常很忙,不过今天晚饭后我会有一两个小时的时间,我会关了手机,这样就没人能打扰我们了。你和弟弟可以看会儿节目。"

孩子:(笑了起来)"好吧,我们看看你对消化系统了解多少。"

爸爸:"打嗝儿算吗?"

常见误区与迷思

1."他们都是大孩子了,这种行为是不是不太合适?"对于年龄较大的孩子,寻求父母的关注可能会被认为是太依赖、太黏人。就像我们之前讨论过的一样,这里孩子的主要情感需求是与父母更加亲近一些并感受到父母是重视他们的。这些都是非常正常的需求。我们自己的成长经历决定了我们是否会认为孩子的这种行为是过分黏人的。但事实上,即使是成年人,在一生之中也会需要与"重要他人"保持情感联系。还有,孩子越是感到父母要离开,他们就会变得越发黏人,这是人际关系中的自然模式。也许你会发现,只要多一些一对一的相处时间,事情就会迎刃而解。如果你发现和孩子在一起做的那些活动令你感到无聊的话,可以试着去寻找一些你们俩都觉得有意思的事情。

2."我的工作真的很重要,我的孩子得理解这一点。"这话一点儿也没错,随着时间的推移,总有一天,当你的孩子回望过去,他肯定能理解你偶尔缺席他的活动或者离开一段时间。问题是,当他还是个孩子的时候,是很难体会到这一点的。孩子的大脑尚未发育成熟,还无法站在大局角度去看待问题。对孩子来说,把自己的需要摆在首位再正常不过了,不管你信不信,这样并不是自私,只是发展性的问题。当你缺席孩子的活动,他对此有情绪反应时,你首先要承认他的情绪反应是正常的、可以接受的,那么他就会在你的帮助下渐渐从逻辑层面理解你的工作（或者你的新伴侣）的重要性。事实上，你可以把孩子的这种情感反应看作是对你的肯定，孩子重视你，希望你能陪伴在他身边，虽然可能表面上是在批评抱怨，但其实是一种爱的表达。

3."我用了很多方式告诉我的孩子他很重要，感觉有点儿虚伪。"作为父母，我们在方方面面都很关爱孩子，处处以他们为先，简直不胜枚举。要是孩子知道为人父母得做出多少牺牲，那该多好啊。我们得向孩子不断做出各种保证，听上去有点儿傻，但是孩子经常会担心父母是否真的会守护他们，甚至还担心父母是不是真的在意他们。这是大多数孩子最关心的问题了，所以他们会反复求证和询问。父母可能会有很多社会关系，有伴侣，有其他孩子，有亲戚，但是对孩子来说，没有人比自己的父母更重要了。

自我反思

在类似的情境中，当我要用言语表述孩子的情绪感受时，遇到了什么困难？

在类似的情境中，当我要付诸行动时，难点是什么？

将来遇到类似的情境时，我应该如何更加自信地去应对？

第十五章 "我没考好……"

学校是孩子生活中一个很重要的部分，学业成绩对孩子来说也是个大事情。每个班级中都存在着能力的正态分布，一半的孩子处于中等水平，四分之一的孩子表现优于同伴，而四分之一的孩子要落后于平均水平，这并不是什么秘密。到了二年级，孩子们开始意识到并关注他们与同班同学之间的差异，他们会与自己的同伴进行比较，以此加深对自己以及世界的认识。这就意味着，对于学习上有些困难的孩子来说，如果他们发现自己百般努力之后成绩依然垫底，会让他们感觉更加糟糕。这还不像兴趣特长，如果你在某方面并没有天赋或者不感兴趣，还可以换一个活动，而上学是没有商量余地的，至少在很长一段时间内是没得商量的。因此，如果孩子学习不好的话，帮助他们处理好相关的情绪是非常重要的，不至于让他们最终变得低学业自尊或者低动机。

如果你读到这里就开始嘀咕："晚了晚了！我家孩子已经开始讨厌学校/认为自己是个笨蛋了。"先别绝望。这些策略会帮助你将事情拉回正轨。糟糕的感受会进一步加剧低学业自尊和低动机，如果我们能帮助孩子处理好诸如沮丧、羞愧或者难过等情绪，他们会自然而然地对自己对学校产生积极的感情。

还有一些孩子会觉得自己在测验或者作业上做得不好，而实际上他们做得不错，甚至是相当好。许多孩子受完美主义困扰，往往表现在对待功课和成绩上。有完美主义倾向的孩子具有敏锐的能力，能察觉并关注到错误。他们往往对自己很苛刻，期望自己能不惜一切代价地消灭错误，做到令人满意。我们会在这一章谈到这两种情况。

场景A："我没考好……"（不及格）

我们来假设一下这个情景：你的孩子在听写测验中考砸了。你下班回到家，问孩子今天过得怎么样，他不太情愿地承认说他小测验没考好，听写二十个字词只写对了九个。他对着电视生闷气，不和你对视。

下意识的反应

多数时候，家长或者养育者的第一反应可能是下面这样的：

"哦，真可惜啊，宝贝儿，下次你会做得更好的。"

"好吧，现在你知道得用功学习了吧，我们晚饭后一起多做做练习。"

有时，尤其是在我们心情烦躁的时候，我们可能会说：

"你好好用功了吗？你都干什么去了？一天到晚混日子吗？"

设想一下这个时刻，当你的孩子说"我没考好……"时，你的第一反应会是什么？

第一步：搭建桥梁

羞耻，是一种对人类伤害性最大的体验。对于成年人来说，这都是一种相当难管理的情绪。对于大脑结构尚未发育完全的孩子来说，这种情绪更是难以调节。当人们感到羞耻时——无论年龄多大——当下的冲动反应就是逃避（掩藏自己的错误）或是攻击（这是你/老师的错）。成绩差难免会引发羞耻，哪怕孩子表现得满不在乎，内心也是羞愧的，实际上他们往往也真的会在表面上表现得不在意。孩子们其实很在意老师和家长的看法，尽管他们可能不太承认这一点。

可能的情绪翻译

可能性 A："我觉得很难为情，我害怕我永远也没法在听写测验中取得好成绩了。"

可能性 B："我在生我自己的气，我担心你也会生我的气。"

可能性 C："我受不了了，不管我怎么努力，我都做不好。"

翻译一下孩子的情绪：

_____

💬 第二步：言语表达

备选表达 1："我能想象得出来，你现在感觉很糟糕，尤其是其他孩子的测验成绩都不错。"

备选表达 2："我敢说你现在肯定很失望，或许你还担心自己会受到惩罚。"

备选表达 3："也许你一想起这次测验就感觉很糟糕。失败的感觉真的不好，哪怕这只是个小小的听写测验。"

用你自己的话来说：

我可以想象你为什么因为成绩而心情不好，因为_____，因为_____，还因为_____。

🤝 第三步：付诸行动

情感支持：无论孩子采用什么方式进行应对，或是愤怒（"这就是个超级变态的测验"），或是迁怒他人（"老师事先根本没告诉我们要测验"），或是否认（"什么测验？我们没有测验啊"），掩藏在这些表象下面的都是羞耻感。人类会不惜一切代价逃避羞耻感,所以难怪孩子常常会花样百出,回避讨论糟糕的成绩,说些谎话,或者避免去做那些他们不擅长的事情。他们所需要的是进行有关接纳的沟通。他们需要知道学业表现不会影响你对他们的爱与关心。对某些孩子来说,告诉他们你对他们的爱是无条件的,不取决于学习成绩,这样说会对他们很有帮助,不过他们也会察言观色,解读你的表情和肢体语言。这就意味着,如果你察觉到自己的压力、难堪以及面对孩子时的挫折感不断涌现出来,那么你需要首先处理自己的问题,否则就无法实现"帮助孩子用新的方法来解决问题"的初衷。

行动支持:一旦孩子感到安心了(这大概需要一分多钟时间),这时才是帮他面对问题的好时机。可以提供的帮助方法包括:和孩子一起回顾一下测验或者作业,和老师谈一谈,把对孩子的学业期待进行调整,寻求一些额外的课业辅导资源,或者组合使用上述方法。注意一下,如果你要用第一个方法,那你得富有创造性地帮孩子回顾一个考砸了的测验,而不要让坏情绪再次淹没孩子。还有一些策略也能帮到孩子:让孩子教你有关的内容、为孩子示范正确的方法但是不要让孩子给你演示他还没掌握的内容、把学习内容加到游戏中去而不要让孩子直接面对测验中的错误。

对话范例:"我没考好……"

爸爸:"小杰,今天在学校过得怎么样啊?"

孩子:"不好。"

爸爸:"怎么了?发生什么事情了?"

孩子:(目光躲闪,不愿意对视)"我听写测验考砸了。"

爸爸:"哦,那你肯定非常失望。"

孩子:"我讨厌听写测验。班里很多孩子都没考好。"

爸爸："是这么回事儿啊，我完全能想象你有多难过。"

孩子："是呀，那些词太难了，太不公平了！"

爸爸："你伤心是有道理的，感觉好像没有得到一个公平的机会让你做得更好，你希望考一个漂亮的分数。把现在这个成绩告诉我让你感觉特别糟糕。"

孩子："呃，倒也不至于是世界末日。"

爸爸："没错，当然不是世界末日。你能意识到这一点我很高兴。"

孩子："等等，这么说，不会有什么惩罚之类的？"

爸爸："不会的，儿子，不会有惩罚。重要的是从中吸取教训，继续前进。我会陪着你，给你帮助。你愿意的话，我们可以在下次听写测验之前一起做做练习。当然，我得想办法让你愿意和我一起练习，毕竟你很可能根本不想和老爸一起准备听写测验。"（笑了起来）

孩子："谢谢你，爸爸。"

常见误区与迷思

1. "他需要被敲打敲打，下次才会更加努力。"你希望孩子能得到一些教训，这样下次才能做得更好。毕竟，学业上的成功会是生活压力的缓冲器，你希望他能成为对社会有贡献的人，这一切也都是为了他自己！虽然你的出发点很好，但是现在我们已经知道了，孩子的动力并不是来自失败感、羞耻感和恐惧感。相反地，这些体验导致的后果反而是他们更加想要退缩。久而久之，当孩子面对更加具有挑战性的状况时，他们可能会宁愿后退也不想激励自己再试一次。你的孩子甚至会挑剔老师或者认为学校简直糟透了。不过令人欣慰的是，如果你能使用我们所介绍的这套框架，你就能帮助孩子处理好这些羞耻感，这样他们就不会出于本能而纠结于其中。

2. "他现在连学业都应付不好，将来的人生肯定也不会成功。"孩子考了低分会引发我们对他未来的担忧，这是很正常的。寻求解决之法令我们压力倍增，而且想要找到办法真的不容易。问题是，我们对孩子前途的担忧会变成他们肩上的巨大负担。我们肯定需要采取行动帮助孩子做好学业上的规划管理，但是焦虑担心反而不利于我们开展富有成效的行动。如果孩子觉得我们不信任他们，会打击他们的自信心。因此，我们需要制定好自己的行动计划方案，相信孩子会有属于他们自己的美好未来。

3. "好吧，那么现在该振作起来，更加努力用功学习了！"你可能会因为这次的成绩退步而感到焦虑，进而决定增加孩子的功课时间来帮助孩子提高成绩。你甚至考虑请个家教。这些也许是必要的，不过重要的是要在结构化的时间（包括各种学业活动和事务）和非结构化的时间之间取得平衡。研究表明，自由玩耍/空闲时间与儿童发展中的一系列积极成果存在正向关系，而缺乏儿童主导的活动时间可能是导致过去十年儿童和青少年抑郁率和焦虑率增加的原因。因此，如果课后要增加学习时间的话，要适当地在其他方面降低期望值，保证孩子仍然有足够的时间进行放松和娱乐。

自我反思

在类似的情境中，当我要用言语表述孩子的情绪感受时，遇到了什么困难？
_____

在类似的情境中，当我要付诸行动时，难点是什么？
_____

将来遇到类似的情境时，我应该如何更加自信地去应对？
_____

场景 B："我得了个低分……"（得了 A 而不是 A+）

我们来看接下来这个场景，你的女儿从学校打来电话，她在电话里哭了起来。她很伤心，因为她的科学项目得了 88 分。一直以来，她在每门功课上都努力争取 A+，她很希望能在科学展会上获胜。她班里有同学得了 94 分。

下意识的反应

多数时候，家长或者养育者的第一反应可能是下面这样的：

"可是，宝贝儿，A 也是很好的成绩啊，你应该为自己感到骄傲。其他孩子要是得了 A 就会很开心了。"

"亲爱的，你看问题得长远一些。这没什么的！真的，没关系的。"

有时，尤其是在我们心情烦躁的时候，我们可能会说：

"行了，你这样有点儿不讲道理了吧，别再矫情了。"

设想一下这个时刻，当你的孩子说"我得了个低分……"时，你的第一反应会是什么？

第一步：搭建桥梁

乍一看，这种得了 A 之后的反应似乎有点儿夸张。你可能想知道孩子怎么形成的这种扭曲的观点，他怎么会对自己如此苛刻。现在很多孩子一想到要获得学业成功就会感到压力巨大，这种压力感受要比我们小时候大得多。有时，他们会觉得外面的世界太难了，找到一个好项目不容易，得到一份高薪工作不容易，似乎风险非常高。有的孩子把自我价值建立在学习成绩上，因此在考试中犯错就被视为自己不够好的一个信号。还有些孩子钻进了完美主义的牛角尖。

可能的情绪翻译

可能性 A："我担心这次的成绩会拉低我的平均分，那样说不定我就不能继续留在尖子生小组了。"

可能性 B："对我来说，学霸的名声非常重要，它是我的一切。这是我身份的重要组成部分，因此，这个成绩让我感到很难堪。"

可能性 C："我拿到高分，你们总是为我感到骄傲。我宁愿痛骂自己一顿，也不想看到你们对我失望的样子。"

翻译一下孩子的情绪：

_____

※ 提醒：如果你正处在压力大、不开心或者烦躁的情绪中，那么进行这种心灵体验练习对你来说可能是个挑战。你可以稍微休息一下或者做几次深呼吸，然后再开始进行头脑风暴，设想可能的情绪翻译，这样可能会更容易一些。

💬 第二步：言语表达

备选表达 1："我能理解你为什么看到这个分数不开心。成绩名列前茅对你来说非常重要，你不想让我们认为你能力不足。"

备选表达 2："我在想，你可能害怕会因为这次的分数影响你的学年成绩，你这么勤奋学习就是为了能在期末拿到 A+ 的好成绩，尤其是你的目标是想进一流大学。"

备选表达 3："难怪你这么难过，你为这个项目付出了很多努力，可以说是全力以赴了。我能理解，任何低于 A+ 的成绩对你来说都是难以接受的。"

用你自己的话来说：

我可以想象你为什么为这个成绩难过，因为_____，因为_____，还因为_____。

第三步：付诸行动

情感支持：这里首先要做的事情，就是要认识到孩子在这种情况下可能感受到的真正痛苦。在某种程度上，孩子会为自己的完美主义程度感到羞愧（"我不应该这么沮丧，我到底是怎么了"），所以任务之一就是要真正弄明白孩子到底有多痛苦，并与他站在同一战线上。

接下来，如果你想就这个分数的事情安慰孩子，或者你想帮助孩子意识到"这不是什么大不了的事情"，那么，这时就可以开始进行了。要记住，你可以通过使用验证句式让孩子看到你和他是站在一边的，这样就有可能润物细无声地让孩子接受你的支持性语言，并站在宏观的角度看待问题。他们思考问题的方式也会变得不那么僵化。

行动支持：不管你信不信，想要帮助具有完美主义倾向的孩子，方法就是帮助他们更加自在地去犯错误，以及不必什么事情都精通。你可以分享一些你自己的不完美的经历，强调随之而来的那些脆弱感受（焦虑、尴尬），以及你如何利用这些经历来了解自己和生活。当你不熟悉某件事情的时候，你可以刻意强调一下。当你犯错的时候，你也可以开个玩笑自嘲一下。

有的孩子会忍不住给自己施加不适当的压力，这时，父母可以考虑在作业时间或参加以成绩为中心的课外活动方面设定一些限制。对成绩满不在乎是一种信号，意味着有一些潜在的恐惧和羞耻感需要人注意到，同样地，完美主义和过分在意成绩也是如此。你可能需要带头安排出一些时间来进行慢节奏的活动，比方说亲近大自然的活动、家庭聚餐、朋友聚会，等等。

如果你打算设定一些限制，保护孩子不要因为过度用功而精疲力竭，那么需要记得一点，你的限制可能会给孩子带来压力和痛苦，所以你可以用这个句式来回应："你对这个限制感到生气不满，我不怪你，因为＿＿＿＿，因为＿＿＿＿，还因为＿＿＿＿。"

对话范例："我得了一个很低的分数……"（得了 A 而不是 A+）

孩子："我这次的项目作业完全搞砸了！"

父母："啊？真的吗？你得了多少分？"

孩子："得了 A，我知道你要说：'A 是个很不错的成绩呀，你应该感到很自豪啊。'"（语气带着嘲讽）

父母："我以前的确是这样回应你的，但这样说通常无济于事。我总是试图让你心情好起来，但事与愿违，那样做似乎没法让你说出你的真实感受。"

孩子："是啊。"

父母："以前我的确是错失了沟通良机。我站在你的角度想了想，就明白你为什么那么难过了。你在这个项目上付出了很多心血，你对自己的作品也非常满意。你很看重分数，好分数会让你感觉自己很出色，而且在学校大家都知道你是个能力出众的尖子生。因此，当你没有得到 A+ 的成绩，可能会有些难为情。而我总是急着安慰你，没有确认这件事到底对你意味着什么，所以我的安慰常常苍白无用。因为我觉得你肯定知道，这件事儿总会过去的，一切都会好起来的。但是我没意识到，就算事情总会过去，在当下你依然是很难过的，你觉得一切都失控脱轨了，这对你来说是件严重的大事。"

孩子："啊，行了行了。"

父母：（笑着说）"我说得不对？"

孩子："那倒不是。"

父母："心情好点儿了吗？"

孩子："嗯。如果你当真是这么想的话。"

父母："那真是太好了，我的确是认真的。"

常见误区与迷思

1."孩子这种想法毫无逻辑，我们这么说不是在曲意迎合吗？"当一个小学生担心自己进不了一流大学，你可能不想去理会他们的感受，因为他们的想法缺乏逻辑基础。他们离上高中还早着呢，从某种意义上来说，现在就如此担心自己的成绩是毫无意义的。然而，正如我们整本书都在阐述的，如果你不首先用语言表达孩子的观点想法，那么你为了改变现状所付出的努力都将付之东流。此外，一旦孩子学会利用他们的内驱力，对他们的将来是大有裨益的。

2."我家孩子会为了完善项目熬夜到很晚。"高成就需求和完美主义的孩子有可能会竭尽全力地去做到最好，以至于有时候会超出合适的"度"。我们遇到过很多案例，那些把全部精力都投入学习的孩子一旦进入大学，会面临更大的崩溃风险，因为他们根本无法在所有竞争性的事情上都取得成功。这些孩子可能也不重视其他生活领域的能力培养，比方说社交关系和休闲活动。虽然孩子表现得像是主动自愿做到完美，但实际上他们往往会感到是被迫这么做的，只有这样才能让他们减少焦虑或者感觉好受一些。当完美主义给孩子带来痛苦，或者扰乱了孩子的正常生活，那么家长应该出手干预，就像干预其他社会接受度低的行为和不健康的行为一样。

自我反思

在类似的情境中,当我要用言语表述孩子的情绪感受时,遇到了什么困难?
_____

在类似的情境中,当我要付诸行动时,难点是什么?
_____

将来遇到类似的情境时,我应该如何更加自信地去应对?
_____

图 15.1 下意识的反应

图 15.2 认可与支持

第十六章 "我恨透了我的生活！"

"我恨透了我的生活！"当孩子发出这样的感慨时，他们可能有着不同程度的绝望。就算是健康的或者自我调节能力良好的孩子在非常沮丧的时候还会时不时冒出这样的言论，更何况那些真的经历艰难时刻的孩子。如果你察觉到孩子有任何对生活感到绝望的迹象，那么有件事情非常重要：你得直接而具体地询问孩子是否有任何自我伤害的想法。如果你担心孩子可能有自杀的念头，你需要立刻获得专业的帮助。本书在末尾处列出了一些有用的参考资料和链接，你可以查找相关内容。有的孩子虽然嘴上说"我恨透了我的生活"，但是并没有实质性的自我伤害行为。如果你确信你的孩子属于这种情况，那么本章节接下来的内容对你来说是适用的。

场景："我恨透了我的生活！"

我们来看这个情景：你的儿子十岁，最近一段时间他连连闯祸，惹了很多麻烦。他上课的时候因为表现不好而受到惩罚，回到家又和弟弟妹妹闹矛盾，争吵打架，气得你头疼。更糟糕的是，他刚刚发现自己没有入选市棒球队。当天晚上在走廊里，他经过你身旁时气哼哼地嘟囔着："我恨透了我的生活！"

下意识的反应

多数时候，家长或者养育者的第一反应可能是下面这样的：

"你不会真的这么想吧，五分钟之前你还好好的呢。"

"你说什么？你的生活多好啊。别的孩子都羡慕你，恨不得能过上你这样的日子呢。"

有时，尤其是在我们心情烦躁的时候，我们可能会说：

"的确是很糟糕。你必须得学会做出更好的选择。"

设想一下这个时刻，当你的孩子说"我恨透了我的生活"时，你的第一反应会是什么？

第一步：搭建桥梁

回想一下，你自己也曾经在冲动之下口不择言，可能会说出"我要离婚"或者"我要辞职！我不干了"这样的话。在当时的情况下，你可能感到压力很大不堪重负，以至于在一瞬间茫然失措，眼前一片空白，这些言辞或者诸如此类的冲动话语就从你的嘴里蹦了出来。现在，我们把这种感受记在心里，然后来到"心烦意乱的孩子岛"上，把刚才那种感受代入这个情境中。当孩子说出"我恨透了我的生活"时，这通常意味着孩子沮丧失落到了极点，以至于整个系统都超载，没有能力进行理性沟通了。即使是成年人，有的时候陷入困境也会感到简直无路可走，尤其是情绪低落又看不到任何解决方案时，这种绝望情绪更加明显。对孩子来说，从长远的角度或者大局来看待问题就更加困难了。他们无法记住在整个世界中他们是多么幸运，他们只能专注于自己眼前的问题，而眼前这个难题对他们来说似乎是无解的。

可能的情绪翻译

可能性 A："没有入选棒球队，我太难过了。我本来以为今年这件事情会很顺利呢。"

可能性 B："我觉得没有人会喜欢我了，连你也不会喜欢我了。我甚至都不敢找你要一个拥抱，因为我一直在和你吵架，和你对着干。"

可能性 C："我觉得很难为情，因为我在学校一直惹麻烦，让你失望。我的运气好像很差。我想让你知道我很难过，似乎唯一的办法就是跟你说我恨透了我的生活。"

翻译一下孩子的情绪：

_____

💬 第二步：言语表达

备选表达 1："你肯定觉得你已经非常努力了，可是所有事情还是不顺利。难怪你现在讨厌你的生活。"

备选表达 2："我想知道没有入选棒球队是不是让你特别失望，你希望我能了解你有多么难过。"

备选表达 3："也许事情并不像我听到的那样，你并不是真的痛恨你的生活，你只是需要让我知道这件事情很严重。"

用你自己的话来说：

我可以想象你为什么说你恨透了你的生活，因为_____，因为_____，还因为_____。

※ 提醒：虽然这些表述是为了平息孩子头脑中的风暴，但是我们想要做的

并不是止步于此，如果停在这里的话，就好像站在悬崖峭壁边上。只有你说出了他们的真实想法，孩子才会敞开心扉接受你的情感支持和行动支持。

第三步：付诸行动

在这个场景中，至关重要的一点就是帮助孩子找到更加具体的词语去描述自己的感受。当孩子不能很好地觉察主观感受时，他们通常会用一些笼统的泛泛的语句进行表述（"我恨透了我的生活""我讨厌你"或者"做什么都没用"，等等）。

情感支持：步骤二中的"因为"句式可以把孩子不堪重负的状态化解为词句，一旦你使用了这样的句式，你（和孩子）会感觉好受一些，这一点点的心情好转就足以让你们看到难题总是会有解决方案的，并且未来的日子会更好。比方说，在这个情境中，孩子的感觉是错综复杂的，糅合了受挫、伤心和难堪。

验证孩子的感受可能有助于分散淡化他们的情绪。在这一切的背后，孩子或许也想得到安慰。有的时候，孩子就像浑身是刺的豪猪一样，当他们把浑身的刺竖起来的时候，就没法自然地拥抱，然而他们需要的恰恰就是一个拥抱。那些嘴上说着痛恨自己生活的孩子其实也很想知道你会不会认真对待他的感受，是不是和他站在同一阵营，有没有盼望着事情会有好转。我们也可以向孩子保证，就算发生天大的问题，你也会永远爱他，会始终和他在一起，而且让他知道他的这些糟糕感受不会持续太久。

如果你的孩子说他恨透了自己的生活，而你确信他之所以这么说是因为他为自己的行为感到羞愧或者他遭遇了某种失败，那么采用安慰的办法会有些帮助（参看第十一章"我可真坏/我可真蠢……"）。如果能将问题行为和孩子的自我概念区分开就更好了。想做到这一点，一个办法是谈论这个问题时，把问题与孩子剥离开，这就是所谓的"外部化问题"。你可以和孩子讨论某个行为是怎么成为一个麻烦的，而不是讨论孩子在课堂上做出的破坏纪律的"坏"行为。你可以虚构一个傻乎乎的名字（小乱乱），年龄较小的孩子很喜欢这种方式，而且这一套对他们很管用。例如：小乱乱如果出现在公园里，那是很有意思的。但是他出现在晚饭时间，就会惹全家人生气。我们能做些什么来帮助小乱乱呢？对于年龄较大的孩子，把问题单独拎出来讨论也是可以得到良好回应的。你可以说："很显然，学校里有什么事情一直在困扰你，给你惹来很多麻烦，我们试试把它弄清楚。"

行动支持：在这个情境里，还有一个潜在的策略，那就是进行头脑风暴，让孩子下次在事态变得更严重之前就能向你发出信号，让你知道他不开心了。当孩子不能很好地觉察自己的感受时，他们通常会用一些笼统、浮泛的语句进行表述（"我痛恨我的生活""我讨厌你"或者"做什么都没用"，等等）。一旦大家都冷静下来了，你们可以练习一下在真的烦躁时如何用其他方式进行沟通，比方说用画画的方式，或者学习更多特定的表达情绪的词语。你还可以给孩子示范如何思考问题，如何找到可能的解决方案，这也是很有帮助的。例如，当孩子第一次得知自己没有入选球队时，他们可能会不知所措，以至于完全想不到他们其实还可以申请其他的球队或者参加其他的活动。当孩子失望的时候，你陪在他身旁一段时间，纪念一下这段经历，然后你就可以重新带领他前进，让他考虑一些其他的选项，看看他更喜欢哪一个。事情总会有解决方案的，我们总能找到其他机会的。

如果一个孩子习惯性地悲观看待世界和生活，那么可以让他每天睡前写下让他高兴的事情，他会从这个活动中受益匪浅。这是个很好的家庭活动，有助于扩大我们对美好事物的关注面。去做志愿者或者帮助街坊邻居也是一种让人心怀感激的方式，这种方式产生的效果是谈话活动无法做到的。归根结底，大多数孩子虽然嘴上说痛恨自己的生活，但实际上他们并不是经常有这种感受，一旦他们得到情感上的支持，他们就能意识到事情其实没那么糟，一切就进展顺利了。

如果孩子经常提到自己痛恨生活并且特别痛苦的话，那么这类孩子处在另外一种境地。他们可能正在发出信号，向人暗示他们生活中的某些事情正在逐渐失控。父母们需要弄清楚孩子身上究竟发生了什么事情。比方说，孩子正在做一个很难的学科项目，他感到压力很大不知所措；或者孩子在学校正遭受霸凌。这些问题都需要加以重视正面解决，从而帮助孩子走出低谷情绪。孩子对自己生活的掌控度比较低，往往不能认识到还会有其他的选择，所以他们可能不会事事都去寻求帮助。另外，我们还得愿意诚实地审视家庭环境，看看是什么因素使得孩子感到没有希望和出路。有些情况是我们需要做出改变的，比方说，父母之间有严重的冲突（无论是在一起还是分开了）、遭受任何形式的虐待（包括兄弟姐妹之间的多次戏弄），以及父母有严重的心理问题或者药物滥用问题。如果有以上任何一种情况，那么首先要解决的问题是减轻孩子感受到的压力。不要犹豫，去寻求支持。对父母来说，处理这种情况是要承受很大压力的，仅靠关爱自己往往是不够的。

对话范例："我恨透了我的生活！"

想象一下这个场景，十一岁的女孩在分班之后发现新班级里一个熟悉的朋友也没有。第二天早上，她吃掉了最后一个小蛋糕，那个蛋糕是妹妹特意留起来准备吃的。爸爸为了这件事情在批评她。

爸爸："珠珠！露露很想吃那个小蛋糕。你该先问问她。"

孩子："不是吧？天哪！这日子我可真是受够了！"（气冲冲地离开）

爸爸：（几分钟后，做完了几个深呼吸）"你刚才说了什么？听上去你对所有事情都感到厌烦。"

孩子："走开！"

爸爸："我知道你在学校里不顺心，适应新班级很困难。我好像让事情变得更糟了，所以你对我大发脾气。"

孩子："哼！"

爸爸："好吧，你可能觉得不管你做什么运气都不好。"

孩子："太不公平了！为什么有时候露露吃了我特意留给自己的东西，就没人说她呢？"

爸爸："是呀，你肯定感觉我光顾着责怪你吃蛋糕的事情，却一点儿也没注意到你这一天已经过得很不开心了。"

孩子："我没有朋友，连一个朋友都没有，你根本不在意这件事。"

爸爸："你很想知道我是否关心你的学校生活，而我今天早上只盯着蛋糕这件事情不放，难怪你心情这么糟糕，因为我忽略了真正的问题，这太不公平了。"

孩子："我今天没法去学校，爸爸，我没法去上学！"

爸爸："我知道，新的班级里没有你的朋友，想要适应这个新班级的确很难。你一点儿也不想去上学，这可真是件糟糕的事情。宝贝儿，你有这种感觉很正常。这的确是个很大的挑战。"

孩子："我不去上学，爸爸。"

爸爸：（给孩子一个拥抱）"你能告诉我你的真实想法，我很开心。等你准备好了，我随时在这里帮助你，我来帮你想想看有什么办法能解决这个问题。过会儿我再来找你。"

常见误区与迷思

1. "如果我对这类感慨过分关注，孩子会不会以后说得更加频繁？"有些家长担心类似这样的言论像是个无底洞，我们给予同情会导致孩子以后更加夸大其词。根据我们的观察发现，有些孩子经常使用耸人听闻的词语，这些孩子往往能够深刻地感受事物，却缺乏好的方法去寻求他们需要的东西。（还记得第九章我们讲到"超级感受者"这个概念吗？）不幸的是，如果我们忽略它的话，往往带来的结果是变本加厉的戏剧化的言辞。倾听孩子的想法，然后帮助孩子把它翻译成表达情感的词语，这才是减少"戏剧化"的方法。这也是搭建桥梁如此重要的原因：我们得去想象在这个世界上、在孩子身上、在他们这个年龄到底是什么感觉。我们也不鼓励家长只关注这些言辞的字面含义（例如"我痛恨我的生活"），因为我们想让你关注的是这些语言背后孩子的感受（例如伤心、羞耻、沮丧、无助，等等），以及其他表达不满的方式。因此所谓的关注，不是在关注词句，而是在关注孩子。我们要尊重孩子的想法和感受，并调整沟通的方向，以确保使用更加有益、更加现实的方式去和孩子交流，并在需要的时候做出改变。关键是尊重孩子的思想和感受，同时将对话重新定向到更有益和更现实的沟通方式上，并在需要时做出实际改变。

  2. "说这种话，孩子是不是有点过于敏感了？"在其他孩子看来再正常不过的童年生活事件，到了你的孩子这里，就令他感到烦恼不顺心，这的确会让你感到心烦，尤其是你也辛苦了一整天（或者我们自己的生活本来也有一些麻烦的话），你就更加心烦意乱了。没错，如果孩子目睹了世间的种种状况之后，可能他们就不会再说痛恨自己生活这样的话了。因为他们抱怨的其实并不是自己的实际生活状况，而是对目前所处的境地表示不满。即使孩子真的不喜欢自己的生活，他们也不是在对别人的经历进行比较或者评价，他们的抱怨其实反映的是他们对自己的不满或者对自己所处的某个特定境况的不满。其实，孩子面临的最大的问题并不是客观状况，而是伴随某些事件而来的压力和烦扰，这让他们无法独自承受。

自我反思

在类似的情境中,当我要用言语表述孩子的情绪感受时,遇到了什么困难?
_____

在类似的情境中,当我要付诸行动时,难点是什么?
_____

将来遇到类似的情境时,我应该如何更加自信地去应对?
_____

第十七章 打起来了！

到目前为止，我们所讨论的各种情境的应对流程中，通常是把节奏放慢，在进行干预之前先用语言表达孩子的感受，这种做法可以防止情绪激化而导致的事情无法收场。但是也有一些例外的情况，比方说事情发生得太快而且毫无预警，或者你刚一转身他们就伤害自己或者他人。特别是在有攻击性行为的情况下，必须首先采取行动以确保大家的安全。

有时候这个度是很好把握的（激烈的身体冲突），但有的时候这个界限就不是那么清楚（在房间里扔枕头撒气）。父母必须自己判断哪些行为是严重的，需要立即采取行动。当然，这也要取决于孩子的需求。在有的家庭中，扔枕头是不可以的，但是也有家庭是允许这么做的，因为他们认为扔枕头比扔其他易碎易坏的东西要好，至少扔枕头不会造成严重的后果，这个选择是朝着正确方向迈进的。

那么，当发生了攻击性行为时，你要如何帮助孩子处理情绪呢？我们通过一个场景来说明。

场景：孩子们打起来了

我们来看这个情景：七岁的孙女儿正在打她四岁大的弟弟，因为弟弟拿走了她最喜欢的玩具。

下意识的反应

多数时候,家长或者养育者的第一反应可能是下面这样的:

"快住手!别打他!"

"离弟弟远一点儿!"

有时,尤其是在我们心情烦躁的时候,可能会直接抓住那个正在打人的孩子,强行把她带离现场,并加以惩罚。

设想一下这个时刻,当你的孩子对兄弟姐妹动手时,你的第一反应会是什么?

在这种情况下,应对步骤的顺序和前面有所不同,你得先采取行动处理问题。我们推荐你考虑下面这个顺序:

第一步:采取行动;

第二步:搭建桥梁,必要时进行情绪翻译;

第三步:言语表达;

第四步:(再次)付诸行动。

🤝 第一步:采取行动

孩子在使用攻击行为的时候,他们使用的是本能的自动的"爬行动物脑"(也叫原始脑)。大脑靠前的部分负责帮助控制冲动和行为,孩子大脑的这部分还不够强大,不足以帮助自我约束,用更成熟的方法去表达自己的感受。此时,孩子需要一个成年人来帮忙,帮他整理情绪体验。很重要的一点就是照顾者要在孩子需要帮助时及时意识到这一点并提供帮助。

行动支持:在刚才这个情境里,家长可以进行干预,通过一系列的举措帮助这个孩子，比方说：让她停止打人，动手将两个孩子分开，或者发出指令让姐姐去做另一件事情。另外，家长也可以用一些指令来设定限制，这也是有帮助的。使用简洁的词句效果更好。例如：

"菲菲，住手，不要打小健！"
"别打了，会把弟弟打疼！"

如果你发出了制止的指令，但是孩子没有很好地执行，那么你也可以使用一些替代品，比如：

"来这边，你可以打这个枕头。"

在这个情境中，家长出手进行干预其实也是一种支持，可以防止孩子继续自己的行为，从而造成更严重的伤害，避免孩子将来后悔自己的行为，也能避免孩子之后更加负面地看待自己。

第二步：搭建桥梁

想象一下，你正走在公园里，你停下来在手机上发送一条重要的信息。在你快要输完消息的时候，有个人冲过来从你手里抢走手机转身就跑。你想大喊让他回来，但是你太慌乱，居然发不出声音了！这时你该如何引起小偷的注意，寻求帮助并拿回手机？感觉一下子有很多事情要做。

只要孩子见到过身边的成人使用非暴力的办法解决问题，那么他们在有能力的时候也会使用攻击行为之外的其他策略（比如出声向大人求助）。但是，很多时候孩子的大脑处在短路状态，失去了将想法转化为语言的能力，尤其是年幼的孩子或者在发展上存在差异的孩子（例如语言发育延迟）。大多数时候，当孩子感受到威胁或者被巨大的痛苦淹没，就会发生这种情况。你可以把它理解成"战斗模式"，在面对压力时做出的反应是"战斗、逃跑或者原地不动"。

可能的情绪翻译

可能性 A："我很生弟弟的气，他拿走了我的玩具！我希望他受到一些教训！"

可能性 B："我要立刻拿回我的玩具！"

可能性 C："我很喜欢我的玩具，玩具不在我手里，我就会很不开心！我受不了！"

翻译一下孩子的情绪：

_____

💬 第三步：言语表达

备选表达 1："弟弟拿走了你的玩具，你特别生气！"

备选表达 2："我知道你为什么这么生气了，因为弟弟不肯把玩具还给你，你说什么都不管用。"

备选表达 3："你非常想拿回玩具，希望他快快把玩具还给你。"

用你自己的话来说：

我可以想象你为什么想让弟弟知道你有多么生气，因为_____，因为_____，还因为_____。

第四步：（再次）付诸行动

一旦尘埃落定，你可以继续使用一些行动策略，这一次的重点就不是立刻解决安全问题了。

情感支持：就算孩子的行为是不好的，家长也不应惩罚或者批评她。这个时候父母很容易说出责怪的话语，比方说："你这孩子是怎么回事！"或者"不要这么粗鲁地对待弟弟！"不批评是走向情感支持的第一步。几代人的教育经历让我们意识到，在儿童使用攻击性行为时，羞辱孩子这种旧方法是行不通的，反而会产生相反的效果。当孩子认为自己是个坏孩子的时候，他们更容易接受这个角色。如果他们明白自己是个好孩子，但偶尔心情不好的时候会失去控制，那么他们更有可能接受你的帮助，学习如何在强烈的情绪到来时控制好自己。我们在第十六章"我恨透了我的生活！"中讲过如何"将问题外部化"，你也可以使用这个策略。

行动支持：在我们进行下一步之前，每个人都需要一个冷静时间，这是很有必要的。过去，"隔离时间"被广泛推荐使用，但现在我们更推荐使用"接纳时间"，就是不要把孩子关进"小黑屋"，而是让他留在你身边，你花一点时间陪着他，让他平静下来。这就意味着你要和孩子一起做个游戏或者进行一些安静的活动。父母常常会担心，这样做是不是在"奖励"孩子的不良行为？我们把这段与父母待在一起的时间看作是一种"充电补给"的方式，用这个活动把孩子的情感杯重新灌满，让事情回到正轨上。一旦平静下来，再去进行补救的工作才会让每个人都心情好转，为接下来进行有价值的教育提供了很好的机会。如果只是让孩子简单地说一句对不起，尤其还是家长逼着孩子这样说的，那么通常无法教会孩子进行换位思考，站在别人的角度去考虑问题，也无法教会孩子思考怎样做才能让自己感觉更好一些。当孩子生气的时候，他们很难考虑别人的感受，正是因为如此，我们才要先去注意发出攻击行为的那个孩子的感受，然后才让这个孩子去考虑被打孩子的感受，这种做法才是有帮助的。以下是一些建议，可以用于补救和修复关系：诚恳地道歉，讨论问题的根源，协商达成一致，向受伤的一方提供一些他们认为有意义的东西。

对话范例：孩子们打起来了！

奶奶正在厨房做饭，九岁的可可和姐姐小艾在打牌。可可输了，姐姐笑话她，说她是手下败将。

可可拿起杯子，隔着桌子威胁姐姐，说要把杯子扔过去砸她。她以前就曾经在一怒之下砸坏过东西。

奶奶：（用清楚而有力的声音说）"可可，放下杯子。【采取行动】你有权利生小艾的气，因为她嘲笑你。我都看到了！"【言语表达】（走近可可）

孩子：（把杯子生气地放在桌子上）"小艾是个笨蛋！"

奶奶："可可，要是我，我也会很生气的，因为小艾那样笑话你是很伤人的，你希望她受到惩罚。你希望她因为嘲笑你而付出代价。"【言语表达】

孩子：（点头）"难道她不该得到惩罚吗？"

奶奶："我能理解你为什么生气。在我们家，不能骂人，也不能朝别人扔东西。我们得找到好的解决办法。我们先花些时间平静下来，晚饭后再来讨论这个问题。现在，你们两个人过来收拾一下桌子准备吃饭，我们可以听点音乐。"

在言语表达环节，你还有另外一种选择，你可以通过转移愤怒目标的方式来验证孩子的生气情绪，你可以将孩子生气的对象转移到你——照顾者——的身上。这样做有助于孩子从目前的思考轨道中脱离出来，尤其是现在你在他们眼中不是"坏人"。这样做并不是说让你充当孩子的出气筒，但是打个比方说，你可以成为拿着出气筒的人（前提是你自己能足够冷静）。我们还是看上面这个例子，奶奶可以说："可可，把杯子放下。我知道你为什么这么生气——因为我当时没有在场，没能阻止小艾嘲笑你。"这样的说法强调了照顾者做了什么或者没做什么，而没有把焦点放在引发冲突的那个人（姐姐小艾）身上，这可以有效地将气氛缓和下来，不至于剑拔弩张。

常见误区与迷思

1. "这就是个调皮捣蛋的孩子。"当孩子做出过激行为的时候，我们往往会认为，孩子是有能力控制好自己的行为的，因此他们这么做就是故意在挑衅或者威胁。毫无疑问，人类是具有攻击性的，有的时候孩子的真正意图就是想要伤害别人。但就算是在这样的情境中，这也不是孩子的个性特征，而是他们对某件事情做出的不正确的反应。所有的哺乳动物都有战斗或逃跑反应，很多哺乳动物（也包括人类）感到有威胁时都会试图进行战斗。父母可能很难识别出这些威胁，因为它往往不是身体上的威胁，而是情感上的。对孩子来说，通常是威胁到了他们的自尊（比方说受到了辱骂），威胁到了他们的所有物或者他们的安全（比方说让他去做一些他害怕的事情），这些威胁引发了他们的攻击性反应。

2. "当孩子生气的时候，什么都听不进去。"有些孩子在愤怒失控的时候大脑根本无法处理很多词句，这也是为什么言语表达环节可能需要推迟一会儿再进行。即便如此，孩子看上去似乎没有在听，但是他们也有可能在接受信息，因此，以防万一，这仍然是一个有价值的做法。为了增强效果，你可以在使用言语表达的时候加重语气。脑科学研究表明，当你在确认孩子的强烈情绪时（"难怪你这么难过"）如果能加上语气，甚至再带上一些表情和手势的话，能很好地帮助孩子快速平静下来。你这样做是向孩子表明你用一种完全不同的方式理解他的苦恼。这种方法的诀窍就在于你模仿了他们的情绪，他们看着你就像在照镜子一样，你用这样的方式表明你是真的理解他们的情绪，而不是将自己推向愤怒的边缘。

3."孩子发脾气的时候，我也压不住自己的火气了。"对我们大多数人来说，需要诚实面对的一个挑战就是孩子的攻击行为很可能会成为一个导火索。他们的攻击行为会重重敲响我们自己的警钟，以至于我们自己也开始进入战斗、逃跑或原地不动的模式。如果我们能意识到自己的导火索被点燃了或者花点时间让自己冷静下来，那么我们已经成功一半了。如果家长自己处在生气状态中却试图不自然地假装平静，或者家长用暴怒的方式回应孩子的愤怒，这些都无法真正帮助到孩子。如果你过去经历过某个创伤事件，而孩子的攻击行为恰恰触发了你的那些感受，或者你注意到自己经常陷入原地不动或者战斗的状态，那么你可能需要寻求一些帮助，可以找治疗师，也可以求助那些能帮你摆脱过去阴影的人。（参看第二十二章"新的方向"）

自我反思

在类似的情境中，当我要用言语表述孩子的情绪感受时，遇到了什么困难？
_____

在类似的情境中，当我要付诸行动时，难点是什么？
_____

将来遇到类似的情境时，我应该如何更加自信地去应对？
_____

第十八章 "别让我去妈妈/爸爸那边！"

这恐怕是个非常棘手的问题。离异家庭或者共同承担监护责任都会带来各种各样独特的挑战。这个场景针对的是父母双方各承担一段时间的育儿工作，孩子在两边的家庭中都不存在任何潜在的安全问题。我们在本书中加入这个场景是因为在工作中经常遇到这种情况，它给每个人都带来了很多痛苦。

这样的情况背后有很多种原因，但无论出现什么问题，共同承担养育责任的父母都必须回应孩子的感受，这一点很重要，同时还要支持孩子与另一方父母一起生活。要做到这一点，我们必须抵制诱惑，不要总想着当孩子心中"最爱"的一方，或者沉浸在这种角色中，哪怕你认为另一方不太称职、不那么负责，或者你不认同对方在与孩子相处时的一些安排。

场景："别让我去爸爸那边！"

我们来看这个情景：

你和孩子的爸爸共同承担养育责任，你的孩子应该和爸爸一起度过这个长周末。孩子爸爸最近认识了一个新伴侣，他们打算去女方家的小镇参加家庭聚会。你的孩子本来就对爸爸有了"女朋友"这件事感到有些不舒服，更别说让他去和一群从没见过的人一起聚会了。

下意识的反应

多数时候，家长或者养育者的第一反应可能是下面这样的：

"我看看有没有什么办法能把这个周末的安排调整一下。"

"去吧，没问题的。那里肯定有和你年龄相仿的孩子。"

有时，尤其是在我们心情烦躁的时候，我们可能会说：

"这也太快了吧！你爸爸怎么能这么做？"

设想一下这个时刻，当你的孩子说"别让我去爸爸那边"时，你的第一反应会是什么？

第一步：搭建桥梁

站在孩子的角度来看，尽管他们不好意思坦率地表达，但是他们觉得父母双方都很重要。他们可能会感觉到父母之间的冲突，觉得自己有必要支持其中某一个人。孩子们常常想要取悦当时正在他们面前的那一方，并且经常隐藏自己的需求，以确保自己不会惹得父母不高兴。还有一些孩子在两个家庭之间辗转，过得很不容易。想象一下你在旅行，带着行李来回奔走，睡在不同的床上，可能离朋友和学校更远了。有时候事情也没那么复杂，就像周末或接下来一周不想做原计划的某件事情一样。只有一个家庭的孩子有可能不喜欢某些家庭计划，但是他们别无选择；而对于那些拥有两个家庭的孩子来说，当周末只能去另一方父母家里时，他们会觉得这很不公平，因为要被逼着去做这件事。

可能的情绪翻译

可能性 A："待在一群陌生人中间会让我很紧张，我担心爸爸会忽略我，因为他现在的注意力都在新女友身上。"

可能性 B："不管怎样，在两个家庭之间来回折腾实在是不容易。况且我的大部分东西都在这里，这真的很麻烦。"

可能性 C："直到现在我还因为你们离婚的事情而感到伤心，即将到来的这个周末让这种感觉更加真实和强烈。要是我喜欢上那些新认识的人怎么办？我不想背叛你。"

翻译一下孩子的情绪：

_____

💬 第二步：言语表达

备选表达 1："我完全能想象，要你待在一群陌生人中间，你不认识他们，但是他们彼此熟悉，这对你来说有点儿困难。你担心爸爸没时间陪着你。"

备选表达 2："对很多孩子来说，在不同的家庭之间辗转是很不容易的，尤其是你的所有物品也要分别放在两个家庭中。"

备选表达 3："听起来你这个周末并不是很想去小镇参加他们的家庭聚会。如果我是你，我也会很伤心，甚至很生气，因为爸爸和我都在和不同的人交往，我们的生活都在继续向前。"

用你自己的话来说：

我可以想象你为什么这个周末不想去爸爸那边，因为_____，因为_____，还因为_____。

第三步：付诸行动

情感支持：虽然这好像有悖常理，但是在大多数时候，孩子需要得到你的保证，你要向他们保证他们的感受是完全合理的，还要告诉他们你能想象出孩子和父母、父母的新伴侣以及新家庭融洽相处的样子。你还可以向孩子表明你支持另一半去培养和发展新的关系，这样做也会有些帮助。如果你目前没有新的伴侣，那么孩子的情绪和下面的原因很有关系，你的孩子可能担心你会感到孤独或者嫉妒。经历过父母离异的孩子可能会担心自己和其中一方的关系变得脆弱或者意外结束。他们可能需要额外的语言或行动提醒，让他们知道亲子关系是不同的情况，你们之间的纽带非常强，无论你们分开多久，亲缘关系都不会被打破。

行动支持：在这个场景中，孩子的实际需求存在多种可能性。一种可能性是建议一起进行一项活动，从而分散对可预期焦虑的注意力。换句话说，帮孩子打发时间。如果孩子的不安程度更加强烈了，你可以和孩子一起进行头脑风暴，想想万一出现一些令人尴尬的状况时该怎么应对。这里面包括的活动可能有：练习一些可能要说的话，鼓励孩子和另一方监护人提前沟通，等等。你或许可以主动提醒一下对方以及他的伴侣，这样他们就可以了解孩子的感受，并在需要时承担一部分解决问题的责任。如果你要提前和对方联系，你得知道，他们可能也会感到有些焦虑，因此，你需要清晰而具体地处理谈话内容，这才是明智、友好而有效的。

对话范例："别让我去妈妈那边！"

孩子："啊！我不去！妈妈刚搬到芳草小区的公寓里！她和苗叔叔一起住！这周末别让我去妈妈那边！"

爸爸："哇，我刚知道这个消息。听上去这让你很不开心。"

孩子："当然了！我觉得很尴尬。我不想和他们一起住在公寓里，而且他们那个小区好远，过去的话几乎要横跨整个城市。我可不想整个周末的时间都花在打包行李和拆行李上。我的朋友们周末都去逛商场了。"

爸爸："好吧，你说的有些道理。我能够想象你为什么不高兴。听上去事情发生了比较大的变化，时机选得也不太好，你还不是很确定自己对苗叔叔是什么态度。"

孩子："不确定？不，我很确定，百分之百确定。我讨厌他。"

爸爸："宝贝儿，你这么说我不怪你。孩子们都希望自己的家人能在一起，这是再正常不过的事情了。我能理解，妈妈搬去和苗叔叔一起住让你产生了很多情绪，如果我是你，我也会有这些情绪的，难过，生气，害怕。"

孩子："这事情现在越来越复杂了。苗叔叔和你不一样。妈妈和他在一起的时候变得怪怪的，还变得很可爱。真是太不好了。"

爸爸："是的，我能理解你，看到妈妈和别人在一起你觉得很尴尬。在最近一段时间内，对我们每个人来说都会有很多个这样的'第一次'陆续出现。我很高兴你愿意和我聊这些事情。你知道我的想法吗？我觉得每个加入我们家庭的成员都有潜力把我们的家变得更充实美满，哪怕一开始的时候不太顺利、有些磕磕碰碰。就算事情有些复杂，我仍然为你妈妈感到高兴，她找到了能给她幸福的人。我听说苗叔叔是个很酷的人。给妈妈一个机会，你也许会收获意外之喜呢。"

孩子："你说什么？这还是你吗？你的意思是，你希望我喜欢他们在一起？"

爸爸："听我这样说你感到很意外，你的这种反应很正常。我知道不是所有人都这么认为，但是你知道吗，这是我的真心话。你的家庭在不断发展完善，我们都还不清楚它会发展成什么样。但是有一件事情是很清楚的，你的妈妈非常爱你，如果她认为时机已经到了，那么我们应该相信她的决定。虽然话是这么说，但现在我们还是得想办法弄清楚到底有哪些事情让你感到很棘手。"

孩子："每件事情都很棘手！这种感觉简直太要命了！"

爸爸："好的，我们来把事情分解一下，让我站在你的角度想一想，什么事情让你感到压力最大？是因为住在妈妈那边离学校太远了吗？还是在担心你是否有足够的私人时间或者是否有足够的和妈妈单独相处的时间？或许你担心朋友们问东问西？"

孩子："不是你说的这些！我的朋友们都住在这一片！"

爸爸："如果是这个问题的话，我有个主意。你下周从妈妈那边回这里的时候，我们可以问问你的朋友，如果谁愿意的话可以和我们一起走，我们可以一起坐公交车。"

※ 提醒：我们建议的流程并不是一个魔法公式。你以前学到的有关回应孩子想法与感受的方式可能与这里讲的大不相同，这可能会让你感到困惑。我们强烈建议你尽可能地按照步骤多试几次，随着你的尝试，事情会逐渐发生改变的。

常见误区与迷思

1. "我打心眼里不希望我的孩子喜欢我前夫/前妻的新伴侣。"毫无疑问，离婚之后最脆弱的时刻之一就是当你听说或者碰巧遇到前任的新伴侣。如果你像我一样，你可能既想知道有关他们的一切，同时又什么都不想知道。以前的那些不安全感又重新浮现出来，和孩子或者孩子的其他养育者谈及这些事情时是令人感觉脆弱的，尤其是在你别无选择的情况下。当你有这些想法和感受的时候，那就意味着你需要从家人、朋友甚至是你的治疗师那里得到一些额外的支持。你需要花时间厘清这些事情，这是很正常的过程。关键是你要对自己更有耐心一些，等你自己能坦然接受了，再去寻找一些办法与孩子进行沟通，说你支持孩子与前任的新伴侣建立关系。

2. "我不愿意支持前任的选择，我不赞同她的决定。"孩子其实很聪明，对于父母的行为他们会有自己的感受与看法，尤其是事情变得棘手和麻烦的时候。通常他们的结论会反映出他们感受到的不安情绪，同时里面又混杂着他们对父母的爱，这份爱是始终存在的。如果你当着孩子的面批评你的前任，并且希望孩子和你同仇敌忾，那么可能会适得其反。如果孩子没有为了向你表忠心而刻意讨好的话，他们更有可能觉得有必要为被批评的一方进行辩护，并且他们会对这样的谈话感到不自在。更主要的是，如果分歧涉及孩子，哪怕只是一点点，孩子也会感受到很大的压力，感觉自己处在了风暴的中央。因此，全力支持前任的计划对你来说很难做到的话，那就开诚布公地和他们谈谈你的顾虑，然后对他们的事情不闻不问。如果孩子表示自己对于拜访你前妻/前夫的新伴侣有所顾虑，并且孩子年龄也足够大了，那么你也可以鼓励孩子直接与你的前任去沟通。如果你打算用这个办法的话，你得支持孩子去制定一个良性的沟通策略。如果你怀疑对方不会好好倾听孩子的想法，或者你担心你和前任的关系更加紧张，那么可以请治疗师介入，他们可以帮助你的家庭用更加健康良性的途径来解决这类困难。

3. "太晚了，我已经掉进陷阱，说了对方的坏话，我现在该怎么办？"你并不是唯一一个这么做的，成千上万的人和你一样！离婚是我们社会中相对比较新的一个现象，就像养儿育女没有万能手册一样，当然也没有手册能指导我们如何应对重组家庭要面临的各种难题。不过好在事情还没有到山穷水尽的地步，现在开始为时未晚。做起来很简单，你可以说："孩子，我意识到我在批评妈妈/爸爸时犯了个错误。"以此为契机开始做些转变。当孩子看到我们就像普通人一样也会犯错时，他们会挺高兴的。无论谈话怎样进行，你现在都有一个框架来回应孩子的感受。更多有关这种类型的回应可以参看下一章"重新来过"。

自我反思

在类似的情境中,当我要用言语表述孩子的情绪感受时,遇到了什么困难?
_____

在类似的情境中,当我要付诸行动时,难点是什么?
_____

将来遇到类似的情境时,我应该如何更加自信地去应对?
_____

第十九章 "重新来过"

也许你已经和孩子进行过有关学校或者功课的对话了，并且你意识到自己错过了一个很好的机会，你当时没有使用这种新的沟通方式与孩子交流。或许在某个时刻，情况有些失控，你和孩子都忍无可忍且精疲力尽。

你知道吗，有些以前发生的事情会一直让我们感到不舒服。我们会为自己以前说过的话、做过的事感到羞愧，这就像是个不断下陷的深坑，在某些时刻让我们感觉特别糟糕，仿佛遭受了无法治愈的伤害，甚至感到自己注定要永远重复这个循环。尽管事情终将得到解决，一切都会平静下来，但仍然会让人感到尴尬，好像事情没有完全过去，我们还会持续感到遗憾，后悔自己当初没有更加冷静和高效地处理事情。

无论是小失误还是大错误，我们学到的最令人释怀的一件事情就是，家庭教育过程中很多事情都有可能"重新来过"。我们有机会用最小的代价让场景重现，可以更加有意识地参与到其中。不仅如此，"重新来过"还有助于增强亲子关系，效果甚至要好于第一时间就顺利应对各种情况。

这并不是说我们要故意在一开始就把事情搞砸，而是说如果当初我们没有察觉和处理好孩子的情绪，那么我们可以晚些时候进行修复，这个过程确实能够增强亲子关系，加强信任感。你会发现，我们真的不是在追求完美。换句话说，重要的不是发生了什么事情，而是接下来会发生什么事情。

场景：重新来过

我们来看这个情景：十岁的哥哥又对七岁的弟弟大吼大叫了。整个周末你都和两个孩子在一起，两兄弟动不动就打起来，你不断地把两个人分开。这一次是因为两个人在争抢游戏机手柄。你已经受够了，你和哥哥凯凯进行了如下的对话：

妈妈："凯凯，我已经忍无可忍了！你已经十岁了，应该更懂事一些，可是你今天的表现太糟糕了，就像个小混混。现在马上回你自己的房间去！"

孩子："你不能强迫我这么做！"

妈妈："我说了算！现在马上回你的房间去，不然我就不让你去参加朋友的生日会！"

孩子："我讨厌你！"（生气地走了）

妈妈："随你便，我才无所谓呢。"

第一步：重新搭建桥梁

在这个场景中，孩子经历了两次悲伤难过。第一次是因为和弟弟争抢游戏机手柄，而第二次是与父母的互动。我们认为应该首先处理第二次的情绪。这个十岁的孩子会觉得非常难受，因为他的妈妈用很负面的眼光看待他，说她已经受够了，还说不在乎孩子讨厌她。或许孩子能理解这只是妈妈当时在气头上说的气话，但是也有可能孩子不能理解这一点。就像我们以前提到的，孩子还不具备复杂的思维能力，无法站在全局去看待问题。因此，当父母说孩子很糟糕很差劲、说自己不爱孩子时，孩子有时会深信不疑。我们得先处理父母给孩子造成的伤害，否则无法解决任何其他问题。为什么这么说呢？因为父母就像是一个向导，当孩子和向导发生争执时，就不在意能否顺利到达目的地——成为一个"行事成熟、情绪平稳的孩子"。还有一个原因，孩子和父母的联系最为紧密，在他们那个年纪，如果和父母闹翻了，那可是一件非常令人不安的事情。

最后一点要说的是，无论孩子如何挑衅、发脾气和无理取闹，他们都非常在意我们对他们的看法。这可能让人有些难以相信，因为他们有时候会传达出很多相互矛盾的信息，有时会气势汹汹地站在我们面前和我们对峙。他们可能表现得凶巴巴的，但是和我们相比，他们依然是弱小和脆弱的，因为从根本上来说，他们还依赖于我们而生存。

就算我们无法完全收回已经说出的话，但是事后回过头去重新解决已经发生的事情，依然是非常有用的。这样做有很多原因。首先，当你回过头去处理那些因为不愉快的互动所带来的负面情绪时，哪怕事情已经过去好几年了，有关那次互动的记忆也会发生变化。原本有关那次互动的记忆被存放在一个叫作"我永远也忘不了父母曾经对我说过那样的话"的记忆盒子里，而经过父母的再次处理，那次互动就会被转移到一个普普通通的叫作"一件发生过的事情"的记忆盒子里。用科学的术语来说，记忆是由不同的部分组成的。在大脑边缘系统的细胞中，特别是杏仁核中，可以找到记忆的情绪标签。研究表明，这些记忆的情绪标签是可以进行修改的，如果能针对这些事件进行处理，那么处理之后情绪标签会相应地进行修改。事实上，如果你幸运的话，重新来过之后你甚至可以把这件事在孩子的脑海中进一步升级到更好的记忆盒子里。比方说，有可能被放进"我的父母为我示范了犯错之后承担责任的价值"这个记忆盒子里，甚至是更好的一个，比方说一个名叫"更加证明了我的父母真的很在乎我也在乎我们之间的关系"的盒子。

💬 第二步：言语表达

十岁的孩子气呼呼地回房间了，七岁的孩子满意地玩着电子游戏，妈妈这时候终于有几分钟时间能喘口气了。她意识到自己刚才对哥哥的态度过于严厉了，现在想要做些弥补。妈妈考虑使用"重新来过"的办法。她决定再花几分钟时间让自己彻底平复下来，然后去哥哥的房间向他道歉，并告诉孩子她当时应该怎么说怎么做。

备选表达1："儿子，真对不起，我之前那样和你说话，对你很不公平，难怪你那么生我的气。当时我还说我才不在乎你是不是讨厌我，听到我那样说，你可能会更加生气。我完全可以想象那些话有多伤人，因为我是妈妈，即使事情变得一发不可收，我也应该看到你身上好的一面。**我当时应该帮你冷静下来，好好解决问题。**"

备选表达2："凯凯，你有权利感到难过。我很抱歉，我当时说我对你已经忍无可忍了，我不能那样对你说话。我应该保持冷静，或者跟其他人说我很崩溃。**我当时应该说**：'凯凯，我现在真的在尽力保持冷静，我想帮助你，但是我需要一点点时间。我们都平静一下，过一会儿咱们坐下来一起解决这个问题。'"

备选表达3：写张小纸条从凯凯的门下塞进去，纸条上写的是："亲爱的凯凯，我为我之前所说的话道歉。我想那些话真的是太伤人了。我很难过，我应该用其他方式处理之前的事情。我当时应该先听你说说你为什么那么生气，并为你提供一些支持来解决问题。我很在意你的感受，也很在乎我们的关系。下次再遇到类似情况，我会努力记住家教书中讲的办法。"

用你自己的话来说：

我很抱歉之前对你说那样的话，因为＿＿＿＿，因为＿＿＿＿，还因为＿＿＿＿，我当时应该＿＿＿＿。

第三步：付诸行动

情感支持：此时，首要的事情就是重新建立感情联结。在我们所爱的人眼中，我们在情感上会让他们有安全感，当我们对自己所爱的人说了带有侮辱性和伤害性的话语，就会暂时性地动摇他们对我们的信任。如果我们承认自己伤害了他们，然后清楚地表述自己当时应该怎么说怎么做，这样会有助于快速重建信任。同时，这样还有助于防止孩子自责或者迁怒其他人（取决于和他人的关系），以及防止孩子认为他们活该被这样对待。在这里孩子还有一个重要的需求，孩子需要感受到父母的爱、重视以及尊重。当父母或者主要照料者能向孩子道歉，再次尝试沟通，或者跟孩子说自己当初该怎么说怎么做，这就是在向孩子传达一个信息："你对我来说非常重要。"一旦孩子准备好了，你可以给孩子一个拥抱，或者用其他方式表达爱和温柔，这些做法都会让状况缓和下来。

行动支持：在风暴过后，你和孩子重新回到原点或者接近原点的地方，这时你们可以就以后的事情做些讨论。比方说，我会让孩子跟我说一说我是在什么时候偏离正轨的。虽然纠正父母不是孩子的责任，但是如果你能和孩子事先就某些词句达成一致的话，就可以避免下次又爆发类似的冲突。在你和孩子的关系比较紧张的时候，这样做能让孩子多一些掌控感。与此同时，我们的职责是努力做出改变，降低日后发生类似情况的可能性。

好了，以上这些是我们在实施"重新来过"时第一阶段需要考虑的要点。不过，在这个场景中，最初的事件尚未得到解决，现在我们得着手解决一开始争夺游戏机手柄的问题了。

这时父母可以用言语表达孩子一开始的感受，比方说"难怪你对弟弟生气，因为……"

备选表达1:"整个下午你都想自己玩会儿电子游戏,可弟弟一直缠着你,想让你和他玩。"

备选表达2:"我完全可以想象你为什么那么紧张,因为你宁愿一个人玩。"

备选表达3:"看上去弟弟好像是故意那么做的,而你只是希望轮到你操纵游戏机手柄时它是完好无损的。"

再次付诸行动

情感支持:所有的孩子在犯错之后一个首要的需求就是确认你依然爱他们、接纳他们,这一点和第十一章"我可真坏/蠢……"中的情况有类似之处。那么,你可以和孩子聊聊之前发生的事情,帮他们厘清当时的感受,这样可以让他们轻松找到下次处理类似情况时可以使用的语言,而不是靠打架来解决纷争。根据孩子的年龄和个性特点,你还可以给他们一些空间,让他们冷静下来。这样做其实是向他们传达一个信息:他们可以表达不满。但是要记住,"给予空间"要因人而异,重要的是你一定要和孩子沟通你的计划,讨论如何重新拉近亲子关系。

行动支持:现在,你可以回过头去解决兄弟之间的争执,找到一个折中办法或者解决方案。根据冲突的严重程度,解决方案有可能是把两兄弟分开,有可能是你亲自监督他俩一段时间,还有可能是组织一些其他不容易引发矛盾的家庭活动。还有一点同样重要,要看看父母如何才能好好度过这一天剩下的时间,父母是否有什么需求。最后,如果孩子一再地制造麻烦,那可能表明父母需要更多的支持,因此,父母可以将注意力放在自己身上,想想你需要怎样的帮助才能度过这个棘手的时期。

"重新来过"的美妙之处就在于,当你回过头再次处理当时的事情时,你用言语表达孩子最初受到的伤害，然后提供支持，这些做法起到的效果和你当时就这样做所产生的效果是相同的，甚至效果还要更好一些，因为过了一段时间，孩子比当时更加冷静。实际上，无论是我们自己的亲身经历，还是其他家长的讲述，我们看到一旦采用了"重新来过"，孩子很有可能自己主动尝试去改正错误，在这个场景中，哥哥既会找你认错，也会和弟弟和好。就像多米诺骨牌效应一样，非常神奇。

※ 提醒：真诚是你的法宝。我们得感谢孩子大脑中的镜像神经元，孩子的大脑会证明你付出的努力都是发自真心的，无论你怎样执行我们所建议的应对框架，你的真诚都有助于孩子的大脑释放出具有镇定作用的神经化学物质。

对话范例："重新来过"

妈妈："凯凯，我已经忍无可忍了！你已经十岁了，你应该更懂事一些，可是你今天的表现太糟糕了，就像个小混混。现在马上回你自己的房间去！"

孩子："你不能强迫我这么做！"

妈妈："我说了算！现在马上回你的房间去，不然我就不让你去参加生日会！"

孩子："我讨厌你！"（生气地走了）

妈妈："随你便，我才无所谓呢。"

妈妈：（一小时之后）"儿子，我很抱歉，刚才那样和你说话。你说你讨厌我，我一点儿也不怪你，因为我说的话也很不好听。我当时还说随你便，那样说很不公平。那些话肯定让你感觉更糟糕了。我当时应该想办法冷静下来，然后再和你说话的。"

孩子："妈妈，你还说我像个小混混。"

妈妈:"是的,我真不应该那样说。你当然不是小混混,你只是个生气的孩子,因为一直和弟弟有争执才会那样的。有时爸爸妈妈也会发火,说一些伤人的话或者做一些让人难受的事情。就算我们特别生气,也得学着对别人更加友好一些。下一次如果我再不冷静的话,你可以跟我说'妈妈,你现在的样子可一点儿也不像个大人',你觉得怎么样?"

孩子:(笑了)"当然可以。你现在应该去玩玩手机,那样能让你找回理智。"

妈妈:"好主意。好了,我们现在说说一开始的问题。那时看到你不高兴,我原本可以说:'看来你是真的在生气,和弟弟相处的确不容易,有时不管你怎么做都无法阻止他捣乱。'"

孩子:"没错!就像你总是站在他那边一样。"

妈妈:"我知道了。有时我把你当作大孩子,而把弟弟当成小孩子,但是我忘了你们俩其实都还是孩子。我知道这很伤害你的感情,因为你也是我的小宝贝。我知道打架的事情弟弟也有责任,看来我们需要坐下来一起找到一个好办法来解决游戏机手柄的问题,然后晚饭前我们一起去游泳,换换心情。"

孩子:"可以呀。"

妈妈:"好!但是首先,我们得先找到弟弟,他可能也觉得很难过。或许你也想跟他说点什么。你觉得呢?"

孩子:"是的,我有话跟他说。等我们去游泳时,我在车上向他道歉。"

妈妈:"好主意。"(和孩子拥抱)

常见误区与迷思

1. "我没必要非得向孩子道歉。"这不是我们第一次建议父母向孩子道歉了。道歉是"重新来过"中一个非常有意义的组成部分。但是,如果你成长的家庭中

213

父母从不向孩子道歉或者承认自己的错误（这是长久以来的文化问题），那么这整套程序可能会让你感到很陌生。你可能会感到这样做会破坏由家长做主控的家庭层级结构。有些人认为道歉是在示弱，然而在人际关系中，道歉往往很有益处。父母向孩子道歉并不意味着父母自责或者把焦点放在自己的"错误"上，而是深刻地认识到或者承认之前的沟通交流进行得不顺利。这说明父母具有自我意识。因为父母要掌控一切，所以要为亲子之间的情绪氛围负责，还要树立榜样，让孩子看到父母如何承担发脾气的责任。当父母为孩子示范如何承认错误并建设性地解决冲突，孩子也能从中学习，也会在处理一些人际关系时使用"重新来过"的办法。如果你觉得向孩子道歉太丢面子的话，你可以突出强调你之前错失了某个机会，你可以这样说："你还记得吗，_____事情发生的时候，我当时说_____，我那时应该说_____。"

2. "如果孩子不原谅我怎么办？"很多孩子受到伤害之后就会像乌龟一样缩进自己的壳里。当你尝试修复裂痕时，他们需要一些时间才会敞开心扉。但是请放心，就算孩子沉默不语，他们仍然会听取并接受你所说的话。如果你在这段时间里耐心等待（而不是把孩子的沉默当作违抗或抵制），那么最终会看到回报。孩子在和父母争吵之后总是会拼命地掩饰和伪装。其实他们很需要你，依赖你，想要讨好你，在和父母大闹一场之后，他们内心的感受要比你更加强烈。为了挽回面子，他们可能会加以否认，或者不想让你看到他们难过的样子，但是这一切都是存在的。在父母真诚地进行了"重新来过"之后，几乎所有孩子都会"软化"下来。就连那些安静待着或者将你拒之门外的孩子经过一段时间后最终也都会走出来向你敞开心扉。如果孩子继续保持沉默，你可以回看第十章"'我不跟你说……'"，从中获取一些灵感。

3. "我的伴侣带孩子的时候总是会大发雷霆，然后再道歉，我觉得这样真的不好。"有一点很重要：如果我们不断重复伤害孩子的行为，那么道歉以及表达我们对孩子的理解是远远不够的，我们当然可以"重新来过"，但是如果我们发现自己每周都要进行很多次"重新来过"的话,那表明家庭系统承受着很大的压力,需要更多的支持。有可能是父母关系紧张导致了一些问题,也有可能是每个家庭成员都因为生活压力而精疲力尽,甚至有可能是某个人的心理问题正在蔓延。无论如何,如果某个事件一再发生,那么看护者就需要去探究背后的不同答案。假如在你指出这一点时,你的伴侣表现得非常有防备心,那么我们强烈建议你在传达信息的时候使用充满爱意和富有成效的方式(有关这种方式的更多信息,请参阅第二十章"'你太温和了!'和'你太严厉了!'")。如果你总觉得事情没有得到解决,那么这种感觉会与家庭的痛苦纠缠在一起。如果是这样的话,你可以寻求治疗师的支持,让他们提供帮助来解决你和伴侣之间有关育儿的分歧(关于其他可能的支持途径,可以参看第二十二章"新的方向"中的相关内容)。

自我反思

以往发生过什么事情可以用"重新来过"处理?

_____

我打算开始"重新来过"时,难点是什么?

_____

想要顺利地"重新来过",我还需要做些什么?

_____

第二十章 "你太温和了！"和"你太严厉了！"

这一章会和前面有些不同。本章不再把焦点放在孩子们发表的言论上，而是把注意力转移到父母之间或者两个主要照料者之间（例如：妈妈和奶奶，父母和继父母，离异之后的父母）的常见言论。

在共同养育孩子时，双方都各自有一套价值观、信念和倾向。我们成长过程中所经历的养育方式会很大程度上影响我们，使我们形成自己独有的养育风格。我们有可能采取一套我们学到的行为模式，或者根据自己的经验发展出一种风格，或两者兼而有之。多年以来，我们发现在家庭教育方面，"异性相吸"比"物以类聚"更加常见。这就意味着，在养育过程中你可能经常会发现当你特别希望得到伴侣支持的时候，你们二人却常常意见相左。

父母双方在纪律规则以及养育方式的问题上处处意见一致是很罕见的。当孩子惹出麻烦时，这种一致就更难了。一般来说，可以把他们分成两大阵营："太温和"和"太严厉"。比方说，父母中的一方在教养过程中比较和蔼，而另一方比较强硬，那么会有一种风险，就是父母双方最终会出现两极分化。例如，如果我是"软"的一方，那么看到你对待孩子"硬"的时候，我就会变得更"软"一些，以此来弥补你的强硬。当你发现我变得更"软"了，有可能会促使你更加强硬，再次来弥补我的"软"。这个循环可能会一直持续下去，直到最后，孩子被"极端"地照顾，父母双方的冲突加剧，无法调解，更不用说去找出导致孩子陷入困境的原因了。有时，了解这种现象就足以让父母双方相互妥协一些。至于其他一些情况，可以使用我们在本书中介绍的这种框架，用它来打破恶性循环是很有用的。

但是首先要提醒一下，在养育过程中使用这种方式与伴侣建立联系绝对是更加具有挑战性的，当然这也意味着这个方法会有效果。无论是与谁沟通，有一条原则是通用的，那就是要相信验证与支持的巨大力量。要记住，当另一方（你的伴侣）的内心体验被公开表达出来（由你说出来），他们大脑中的警报就会减弱——无论这种警报是由孩子的麻烦状况引起的，还是因为和你意见有分歧而导致的。换句话说，你的伴侣会更加冷静和灵活，更讲道理了，并且你会觉得你们两人是站在同一条战线上（只不过有可能是处在战线上的不同位置）。

场景A："你太温和了！"

我们来假设一下这个场景：孩子的睡觉时间到了，她今天在学校过得不太顺利，睡前请求你多陪她一会儿。你同意多陪她十五分钟。又过了一会儿，孩子已经上床了，又叫你给她送杯水。你从沙发上起身，这时你听到你的伴侣低声说："你也太好说话了！"

下意识的反应

多数时候，你的第一反应可能是下面这样的：
"好了，别说这些了。你的指责也无济于事啊。"
"我已经快累趴下了，我只是想睡个好觉啊。"
有时，尤其是在我们心情烦躁的时候，我们可能会说：
"是，没错，就你有原则。你要是偶尔能好说话一些，那我们就谢天谢地了。"
设想一下这个时刻，当伴侣说"你太温和了"时，你的第一反应会是什么？

第一步：搭建桥梁

如果你的伴侣抱怨你太温和，那么他们很可能真的很看重诸如独立性和适应性之类的品质。事实上，这也可能是一开始他吸引你的原因之一！在各国的许多文化中，这些品质都被高度重视，原因何在？有的人认为在第二次世界大战之后，军事思想渗入了育儿领域。因此，我们的父母（以及伴侣的父母）向我们灌输"心理上和身体上都要坚强"的思想，这种情况非常普遍。还有些父母出于担心和关爱的角度，希望自己的孩子尽可能独立。父母担心的是孩子作为年轻人如果不能独立自理的话，那么面临挑战时他们会不堪一击。还有的父母敏锐地意识到自己无法永远陪伴在孩子身边，因此，出于对孩子的爱，他们尽最大的努力让孩子准备好各种实践技能，以确保孩子能一帆风顺，有足够的能力轻松驾驭生活中的起起落落。根据我们的观察，当身体上、认知上或情感上的挑战对孩子产生影响时，这种动力会变得更加强烈。

如果是夫妻的话，我们觉得还有另一种可能。当你的伴侣抱怨你对孩子态度太温和时，或许他也在渴求这样的包容与关爱？或许这一点并不是对所有具有类似情况的读者都适用，但是掩藏在批评和抱怨之下的，可能是对方对温柔体贴的向往。

此外，当你的伴侣看到你再次起身回应孩子，尤其是当他知道你已经很累的时候，他可能会为你担心，因为他很清楚，当你疲惫的时候你就没有更多的心力和情感用在夫妻相处中了。你还可以考虑是否有其他的可能性……

可能的情绪翻译

可能性 A："你对孩子总是太包容了，我担心他离开了我们，根本没有办法自立。"

可能性 B："你对孩子有求必应，我担心你会把自己累坏了。"

可能性 C："我想你。因为孩子们各种各样的需求，导致我们的二人世界时间总是很短，看着咱们俩宝贵的相处时间就这样流逝，我觉得很痛苦。"

翻译一下你的伴侣的情绪：

_____

※ 提醒：首先，先尝试猜测一下与此相关的背景信息，最近刚刚发生过什么事情？你的伴侣在类似的情景中是否会变得沮丧？关键的一点是你要问问自己：关于伴侣的抱怨，哪种表述最让他感到受伤和脆弱？

💬 第二步：言语表达

备选表达 1："我能理解你为什么不赞同我的做法，感觉她想把我拴在她身边，一刻也不分离，这是个问题。"

备选表达 2："我知道你有些担心，她现在每天晚上磨蹭的时间越来越长，这样下去她的睡眠会变成一个大问题。"

备选表达 3："我牺牲了咱们俩宝贵的相处时间去帮她做这做那，这让你觉得很不开心。"

用你自己的话来说：

我可以想象你为什么觉得我对孩子太温和了，因为_____，因为_____，还因为_____。

🤝 第三步：付诸行动

情感支持：在这个场景中，事实并不像表面上看起来那样，伴侣的需求往往

219

围绕着舒适与安心。这可能令人感到惊讶,因为对方的表达方式很尖锐。如果"反击"的话,结果只会让你度过一个不愉快的夜晚。既然知道这一点,我们强烈建议你透过表面去看到背后深层的原因,并为伴侣提供情感支持,满足他们尖锐言辞背后对关爱体贴的需求。如果想更加真实自然的话,你可以说:"我向你保证,亲爱的,我希望孩子能像你一样独立!"或者说:"我会尽快赶到,我今晚真的很想和你一起在外面逛一逛。"你的伴侣也想知道你并不认为她是个"坏人"。当个"恶人"会让人觉得有些难为情。夫妻双方都希望得到对方的接纳,希望对方信赖自己的积极意愿,也希望对方尊重自己为这个家庭贡献的独特性。

行动支持:首先,精疲力尽的父母不可避免地缺乏灵活性,也很难坚守原则。在这种情况下,现实的需求就是睡眠或者休息。其次,伴侣之间往往因为太过疲惫而无法好好经营两人的关系。尤其是孩子遇到麻烦时,留给成年人的私人时间就更少了。然而,我们还知道,在父母相处融洽的家庭中孩子会茁壮成长,从帮助孩子这个角度来看,花时间经营与伴侣的关系也是一项非常明智的投资。在某些情况下,与其把注意力放在亲子关系上,不如去关注两个养育者之间的关系,这样做可能更划算。因此,在考虑任何家庭教育决策的利弊时,比方说是否要制定更严格的就寝时间,你自己的幸福感、伴侣的健康以及你和伴侣之间的关系这些因素都应该考虑在内。

对话范例:"你太温和了!"

家长2:"你太惯着他了。他年龄不小了,完全能自己准备早饭。"

家长1:"是的,他的确不小了。我能想象,你看到我事无巨细地照顾他,你担心他会被宠坏了。"

家长2:"他已经被宠坏了。"

家长1："和我们小时候相比，他现在的确被照顾得更加周到。你希望他将来能够成为一个负责任的、自给自足的成年人，这一点我认为是非常合理的。"

家长2："我是这么想的，难道你不是吗？"

家长1："我也这样认为啊。原因有很多，其中一个原因就是到那个时候我们就可以有更多的二人世界时间了。你担心孩子，害怕他们没有独立的能力，所以我不怪你。自立是非常重要的生活技能，我们不可能永远陪在他身边，所以他得自己学着独立。我想让你知道，我们的想法是一致的，我也在努力实现这一目标。我还想告诉你，我会让孩子们帮我一起做晚饭和打扫卫生。然后我请了钟点保姆来照看孩子，我们俩晚上就可以去约会了。"

常见误区与迷思

1. "他的父母对他就没什么耐心，所以他也不懂怎么耐心对孩子。"的确，那些对人态度比较强硬的人通常是在专制家庭中长大的，或者小时候没有被温柔对待。而且很有可能他们对儿童成长发展的规律也不是很了解。不要误会我们的意思，具有同情心，并且去了解你的伴侣为什么会采取某些教养模式，这是非常好的。但是，如果你不去解决问题，那么有可能会陷入过度补偿的状态。每个父母都会把自己的价值观带入各种实际的事件中。从产生分歧的地方入手，尊重差异并解决问题才是有益的做法。

2. "你不了解我们家那位，他/她一点儿也不随和。"另一方面，当我们和伴侣在育儿问题上意见有分歧时，尤其是我们觉得自己已经尽了最大努力或者感到自己承担了更多的责任时，我们就很容易只看到对方糟糕的一面。因此，一旦我们意识到自己的观点没有得到重视，就很难保持冷静进行有效的沟通，也没心情去好好了解自己是如何看待事情的，或者没心思去琢磨还能做什么来帮助解决眼前的问题。就像与孩子沟通一样，确认对方的想法并不意味着完全认同。只是为了暂时地站在对方的角度思考，从而帮助他们平静下来。无论什么年龄的人，当别人确认他的想法时，他们的回应方式都是一样的。情绪更加平静意味着更具有灵活性，更容易敞开心扉接受别人的意见、反馈，并能创造性地解决问题。养儿育女真的很难，获得支持是成功的一半。有时，为了让所有人都朝着更好的方向发展，我们需要建立一些必要的思维模式，让自己成为第一块多米诺骨牌。

自我反思

在类似的情境中，当我要用言语表述伴侣的情绪感受时，遇到了什么困难？

_____

在类似的情境中，当我要付诸行动时，难点是什么？

_____

将来遇到类似的情境时，我应该如何更加自信地去应对？

_____

压力时期父母的指导方针

不管你们之间发生了什么，在情绪最激动的时候，双方达成一致遵循一系列准则可能会对事情有所帮助。这里有一些建议：

1. 父母之间的争吵只会让孩子的问题更加糟糕，也很难让父母冷静果断行事，如果双方能承认这一点，对事情是很有帮助的。

2. 一般来说，每次只让父母中的一方来出面解决孩子的情绪低落问题会更好一些。

3. 只有当一方进行求助，或者有精神或身体伤害的危险时，另一方父母才可以介入。

4. 请求对方帮助时，最好能进行具体的说明。你是需要对方给你精神上的支持，和你站在同一战线上，还是让对方接手当前的事情？

5. 双方需要讨论严重情感伤害的定义，达成一致意见。孩子以及人际关系等问题通常都有一定的弹性，大多数的争吵并不会造成持久性的伤害。但如果事态发展开始失控的话，最好有一个合适的计划。

6. 一位家长处理孩子的问题时，如果另一位家长不插手的话，第一位家长会很快学会如何应对的。

7. 如果你感到迫切需要进行干预，可以暂时离开一下，向伴侣寻求精神支持或同情，也可以和对方分享你的疑虑（要记住，不要把批评对方作为一种手段来解决问题）。

8. 事后找个时间和对方简单沟通一下，这样可以更容易弄清楚所有的问题与要求，直到最终解决孩子的问题。然后，你可以做好计划以应对下一次的问题。

如果出于某种原因，你们两人中的某一个或者两个人都把这些原则给忘了，并且当着孩子的面突然发作（这种事情迟早会发生，只不过是时间早晚的问题而已），那么我们提醒你，"重新来过"的方法无论是对父母双方还是对孩子都很有用。虽然我们的目标是尽可能地保护孩子免受父母冲突的影响，但是，你的应对方式才是对孩子影响最大的。

场景 B："你太严厉了！"

我们来看看另一个阵营的例子。假设一下这个场景：你的孩子六岁，他打碎了你最喜欢的咖啡杯后对你撒谎了。你很喜欢那个杯子，但是你更看重的是诚实的品质。这已经不是第一次了，他在其他事情上也对你说过谎，没刷牙但是骗你说刷过了，偷偷玩电子设备，骗你说没有课外阅读作业。你认为六岁已经足够大了，应该知道是非对错，并且应该知道对父母撒谎的后果。

当你知道有关咖啡杯的真相后，你对孩子说："小卓，撒谎是不对的，你得注意了。我之前就已经告诉过你了。我会没收你的拼插玩具两个星期，你还得做一些家务弥补打碎杯子的错误。"

你注意到你的伴侣在旁观你的训话。当天晚上孩子睡觉之后，你的伴侣过来和你说："你对小卓太严厉了，他才六岁！"

下意识的反应

多数时候，家长或者养育者的第一反应可能是下面这样的：

"没错，但是他必须学到教训，无论用什么方式。"

"我觉得温和处理这种事情对孩子不会有任何好处。"

有时，尤其是在我们心情烦躁的时候，我们可能会说：

"就是因为你总是这么惯着他姑息他，他现在才敢这样欺骗我们。"

设想一下，当你的伴侣说"你太严厉了"时，你的第一反应会是什么？

※ 提醒：如果你正处在压力大、不开心或者烦躁的情绪中，那么进行这种心灵体验练习对你来说可能是个挑战。你可以稍微休息一下或者做几次深呼吸，

然后再开始进行头脑风暴，设想可能的情绪翻译，这样可能会更容易一些。

第一步：搭建桥梁

身为父母和养育者，我们既要确保孩子成长为有能力的社会成员，也要保护孩子免受伤害并为他们的健康发展提供支持。有一点很重要，你要相信你的伴侣真的很希望孩子能过得好。即使你有时（或许是经常）不喜欢他们用的方式，但是在行为方式的背后，他们总是希望能教给孩子一些有用的东西，或者保护他们所认为的孩子的最大利益。就像有的父母因为担心而变得严厉一样，这些倾向于温和宠爱的父母也是如此。伴侣批评你太严厉，可能是他们担心孩子被"推"到超出他们年龄所能应付的程度。他们可能也担心孩子在情感上受到伤害，或者担心你的做法伤害到你和孩子的感情。他们的本意是保护孩子以及维护你和孩子的关系，哪怕采用的方式看上去不那么支持你。

可能的情绪翻译

可能性A："我担心孩子会因为受到惩罚而感到不知所措，以至于忽略真正的重点。"

可能性B："我担心你这样强硬会让他心生怨恨，或者令他和你更加疏远，那样的话也许会导致他以后出现更多的不良行为。"

可能性C："我担心的是你没收他的拼插玩具以后他就没什么可玩的了，而我在家的时间更多，到时候他没有玩具可玩，就得找我来想办法。"

翻译一下你的伴侣的情绪：

※ 提醒：这些可能是他们的美好意愿、脆弱情感或者导致他们当下状态的情感需求，哪怕他们表面上表现出来的并不是这样也没关系。

💬 第二步：言语表达

备选表达1："我知道你为什么觉得我对他太严厉。他还是个孩子，你不希望他承受重压，封闭自己，甚至做出更糟糕的事情。"

备选表达2："听上去你在担心孩子会过于在意我的批评，这会让他觉得自己很糟糕。"

备选表达3："我注意到这件事让你感到有些困扰，我觉得你的担心是有道理的。我知道你很希望我和小卓关系融洽，而我这样做可能会让他疏远我。"

用你自己的话来说：

我可以想象你为什么觉得我对他太严厉，因为_____，因为_____，还因为_____。

🤝 第三步：付诸行动

情感支持：当伴侣说你太严厉时，他们通常是想保护孩子，避免让孩子太难过，或者自我价值感降低。因此，你需要真切并令人信服地向对方传达一个信息，那就是你绝对不想对孩子造成任何伤害。他们还想知道你的决定是理性的，而不是在气头上的冲动之举。或许更重要的是，他们还想知道，尽管你倾向于更强硬的姿态，但是你依然很重视和孩子的亲密关系，并且尽力去保持融洽相处。

行动支持：你对伴侣提供的情感支持，会对接下来的事情很有帮助。你可以更好地倾听对方关于纪律的观点,还有助于双方在冷静后讨论双方的意见分歧。你想要和对方达成共识,这是个好时机,但是达成目标有不同的途径。你可以制定一个计划,在冲突期间或者之后(包括给孩子设定限制的时候)向孩子传达爱意和积极的情感。在设定限制的时候,你也可以制定一些由你亲自来执行的规定,这样一来,当你的伴侣不得不立一些他们不认可的规矩时就不会感到有负担了。

对话范例:"你太严厉了!"

家长1:"亲爱的,小利的平板电脑昨天晚上摔坏了。他问我能不能帮他出钱维修。你觉得呢?"

家长2:"不行。那个平板电脑是他的所有物,修理是他的责任。他就不应该粗心大意,不爱惜东西。"

家长1:"你还来真的啊?他才十二岁!"

家长2:"呃……听你这话,你觉得我对他太严厉了?"

家长1:"是啊。他怎么可能拿得出那么一大笔维修费用?最近几周他过得挺不容易的,他得花很多时间做功课。"

家长2:"嗯,我猜你不想给他的生活增加不必要的麻烦,毕竟学业已经给他很大压力了。我可以想象,你很担心他,如果我们不帮他减压放松的话,他可能会一蹶不振。"

家长1:"我的确有这个顾虑,我怕他负担过重,拒绝完成功课,我不想让事情再次发展到那一步。"

家长2:"我明白你为什么会有这样的担心,因为平时他学习方面大大小小的事情都是你在操心。我知道,如果花些钱给他的平板电脑换个屏幕,短时间来看会让他的日子轻松一些,但是从长远的角度来看,如果能让他自己负担维修费用，对他更有好处。我向你保证，我并不是想故意给孩子添堵。看来我得时常和孩子聊聊，了解一下他的日常情况。别担心，我会对他耐心一些的。"

家长1："好吧，但是如果他觉得束手无策的话，我们得帮他找到一些可行的办法攒够维修费用。"

家长2："这没问题，你觉得什么时候和他说这件事情比较好？"

常见误区与迷思

1."**他质疑我的养育方式时一点儿也不尊重我。**"当你的伴侣指责你对孩子太严厉时，你可能会觉得对方在惹恼你、不尊重你、批评你或者对你指手画脚。你得重视这些感受，这些都是很正常的。然而，我们所描述的那些下意识的反应通常都导致双方陷入相互指责的恶性循环，并且让你们偏离主题——弄清楚应该如何帮助孩子。你伴侣的反应可能会让人觉得他不信任你或者不尊重你，但实际上可能和你没什么关系，更多的是因为对方担心孩子感到太痛苦。父母总是竭尽所能避免孩子受到伤害，这是最基本的本能。虽然你的本意是好的，但你的强硬立场让对方心生警惕，甚至跳出来保护孩子，防止孩子受到情感上的伤害。就算你的伴侣是以这样的心态来看待你和孩子的互动的，可能依然会让你感觉不太舒服，那么不妨把他的反应理解为是他的恐惧在起作用。你也可以告诉对方，当他跳出来插手时你感觉很糟糕，这样做要比你直接反击回去更有利于缓解局面。

2."**我很讨厌总是得去扮'黑脸'。**"父母中更严厉的那一方可能会无休止地感到厌烦，因为他得不断地给孩子立规矩。孩子一天到晚和你作对已经够让人心烦了，更糟糕的是伴侣还在教养问题上和你唱反调。这不仅会让人感觉糟糕透顶，还会让管孩子的过程变得更加困难。你可能会有这样的感觉：要是对方强硬一些的话，一切都会更好。正如我们之间解释过的，你越是给对方提建议希望对方的养育风格向你靠拢，或者越是捍卫自己的严厉方式，结果反而是对方越来越焦虑。如果你表明很理解对方的想法，那么就会降低他的焦虑，降低他想要"平衡"或"保护"的需求，并使对方处于一个合适的位置以便你对孩子保持严格的规矩。另一方面，也有可能是你的伴侣心理上承担了更多责任，或者在家庭中扮演"管理者"的身份。考虑到你们二人是一个团队，那么携手合作会更好一些。如果你们能找到一种更加平衡的合作养育的方式，那么会更容易发挥各自的优势，扬长避短。

自我反思

在类似的情境中，当我要用言语表述伴侣的情绪感受时，遇到了什么困难？

在类似的情境中，当我要付诸行动时，难点是什么？

将来遇到类似的情境时，我应该如何更加自信地去应对？

图 20.1 下意识的反应

图 20.2 认可与支持

第二十一章 "你为什么这样跟我说话？"

最精彩的内容我们通常都要留在最后来讲！这些年来，一些父母告诉我们说，当他们努力应用这个模式进行沟通和对话时，他们的孩子（或者伴侣）起初会表现得很惊讶、怀疑甚至完全抗拒。还有些父母担心自己无法应对孩子的反馈，因而不太愿意去尝试这个方法。

如果本书中描述的家庭成员相处方式与你家的常态确实不同，你可能会预见到，当你初次尝试时你的家人会有些抵触。家庭成员往往倾向于使用可预测的模式行事，当有人打破常规时，遭到抵触是意料之中的，但这并不意味着你所做的事情是错误的或者无益的。无论你的家人做出怎样的反应，你都可以遵循本章的指导。有时你可能需要不止一轮尝试才能让家人适应这个模式。一开始感觉有点儿像"打地鼠"，按下葫芦浮起瓢，你刚确认好一个反应，对方又冒出一个新的反应来，但不一样的是，在这个"游戏"中，最终每个玩家都是胜利者！

场景："你为什么这样跟我说话？"

我们来看这个情景：一位母亲在用本书中描述的框架来回应儿子拒绝合作的问题。她使用句式确认了孩子的抵抗，提供了情感支持，然后孩子不可置信地看着她惊呼道："你为什么这样跟我说话？"

下意识的反应

多数时候，家长或者养育者的第一反应可能是下面这样的：

"嘿，我用这种方式和你说话，你应该感觉比较好才对啊。"

"没关系，这个方法可能不太管用。"

有时，尤其是在我们心情烦躁的时候，我们可能会说：

"算了算了，我再也不会尝试理解你的感受了！"

设想一下这个时刻，当你的孩子说"你为什么这样跟我说话"时，你的第一反应会是什么？

第一步：搭建桥梁

我们回忆一下自己的童年经历就会发现，在这个情境下搭建桥梁是很容易的。想象一下，如果有一天，当你的父母回到家面对你的排斥和怒气时，他们没有变得防备或者对你发火，而是接纳认可你的情绪；或者，你斗胆告诉老师你不想做更多的作业时，她理解了你的想法（哪怕她依然给你布置了动词时态作业）。在我们成长的那个年代里，大家普遍认为对抗和愤怒是不好的，父母以及其他有影响力的成年人所接受的建议往往是要保持自己的权威地位。鉴于这样的成长经历，如果我们某天发现父母突然用这种方式进行回应，我们肯定会觉得很奇怪。尽管现在的家庭教育趋势是朝着更加"温和"的方向转变，但是认可并接纳"糟糕的"情绪依然不是家庭教育的常态。这些情绪不仅是指愤怒，还包括其他一些感受（可以参看第三章"潜在障碍"中讲到的各种下意识的反应）。

可能的情绪翻译

可能性 A："你的反应让我感到很惊讶，因为这和我早已习惯的方式太不一样了。"

可能性 B："我不太确定能不能信任你言语中所表达的诚意。感觉你这样说只是一种话术，想要让我感觉舒服一点儿，或者是为了让我按你说的去做。"

可能性 C："我担心你的转变只是暂时的，我最好先不要太习惯这种新方式。"

翻译一下孩子的情绪：

_____

💬 第二步：言语表达

备选表达 1："你这样说我一点儿也不怪你，我以往的说话方式的确和刚才非常不一样。"

备选表达 2："我完全能想象得出来，你可能心存怀疑，你可能会觉得我是在和你开玩笑或者戏弄你。"

备选表达 3："我没有像平常那样和你说话，这让你感到有些困惑。你可能很想知道我究竟是什么意思，是不是真的像我所说的那样。"

用你自己的话来说：

我可以想象你为什么这样说，因为_____，因为_____，还因为_____。

※ 提醒：此处列出的可能想法是为了让家长与孩子之间建立一种联系，这些联系可能是孩子的美好意愿、脆弱情感或者导致他们当下状态的情感需求，哪怕孩子表面上表现出来的并不是这样也没关系。

🤝 第三步：付诸行动

情感支持：在这种情况下，无论孩子或者伴侣对你所使用的新的沟通方式如何回应，只要你能满足对方的情感需求，那将是加深双方关系的大好时机。这种时候，你可以大方承认，没错，他们的确正在接受一种新的沟通风格，一开始尝试的时候确实会有些不太稳定不太自然。你还可以向对方承诺，如果你们之间发生了更难处理或者令人感到压力更大的事情时，你会更加频繁地和对方进行高情感水平的交流。曾经有父母和我们分享，她只是简单地告诉孩子："这种沟通方式将成为我们的新常态，我会不断努力，哪怕一开始有些别扭也要继续坚持下去，这样会让我们整个家庭一起变得更加强大。"

行动支持：一旦你关爱的人感受到你的出发点是非常真诚的，你就可以邀请对方针对新的沟通风格给些反馈。比方说，就像我们在本书前面所提到的，有些年龄偏大的孩子想要突出自己是一个独立的个体，因此他们更喜欢的表述方式是"我猜你可能有这种感觉"，而不是"我能理解"，前一种说法会让他们觉得自己真正成了独立的个体，或者更好的说法是："当我站在你的角度想了一下，我可以想象到，处在你的角度你可能会觉得_____。"对于那些已经有能力厘清自己感受的孩子来说，你的假设可能会让他们感到有些夸张和过头。但是对其他孩子来说，他们很高兴你能感同身受，也很高兴你能帮助他们弄清楚自己的感受。他们会感到自己的心声被听到。在某些情况下，只有我们行动起来然后对方有所反应，我们才知道到底哪种风格是最合适的。这些都是整个过程中必经的步骤。

对话范例:"你为什么这样跟我说话?"

父母:"……你担心计划有变,甚至因此感到不高兴,我完全能理解。"

孩子:"啊?你说的是真的吗?"

父母:"什么意思,宝贝儿?"

孩子:"就是你刚才说的那句话,你是真的那么认为的吗?"

父母:"我能理解你为什么会质疑我的话,因为这和我以往的说话方式很不一样,尤其是当你不开心的时候,我以前都不是这样回应你的。你可能会觉得我刚才那样说只是为了开个玩笑,或者只是不想让你再继续难过下去才敷衍你的。"

孩子:"所以你刚才说的那些话都是真的?"

父母:"是的,就是那个意思。事实上,我一直都在思考当家人遇到压力或者心情不好的时候我该如何回应。我意识到自己有时没能很好地表达关心,尤其是我很忙的时候,就忽略了这些。我想有所改变。一开始可能会感觉有些怪怪的,但是我会不断练习,因为你——我的小宝贝——对我很重要,我很重视你的感受。"(伸手挠了挠孩子)

孩子:"哈哈哈!别挠了,快停下!"

父母:"所以,你是怎么想的?你觉得你能接受吗?你还有什么其他要求?"

孩子:"在我朋友面前能不能别这样说话!你还得保证你说的那些都是你发自真心的想法。"

父母:"没问题,我很乐意按你说的去做!"

常见误区与迷思

1. "听起来像是童话故事一样，我只是觉得这不太现实。"我们一开始着手写这本书的时候，真的希望它贴近现实。没过多久我们就意识到每个家庭都有其独特的相处方式，例如，有的家庭愿意口头表达爱意，而有的家庭则更倾向于用行动或者幽默的方式来表达。有些家庭甚至有自己独有的词汇。这就意味着你在使用这种模式时必须结合自己的个性以及家庭的文化进行调整。我们仍然建议你遵循基本的框架（我完全能想象你为什么感到＿＿＿＿＿＿，"因为"×3＋情感支持和行动支持），但是要用自然真实的方式进行。虽然话是这样说，但如果真的有某个部分不适用，例如你的家庭中以往很少进行验证环节，那么我们会鼓励你尝试用更舒服自在的方式将这个环节融合进去。

2. "我觉得孩子不吃这一套。"因为这可能是一种非常新的亲子相处方式，孩子可能会觉得很奇怪或者很别扭，年龄小一些的孩子或许还会买账，但对年龄稍大的孩子来说就不容易了。有时候孩子不习惯是因为这种新的交流方式和以往大不相同，有时候是因为家长在表达时排练的痕迹过重显得过于生硬，另外就是年龄稍大的孩子可能不喜欢你事无巨细地去试图理解他们（可能你已经知道了，当他人进入我们的情感世界时会让我们感到很脆弱）。你并不是想成为孩子的治疗师，你只是想进行正常的沟通。但是要想让对话变得自然，你需要时间和练习。有时，坦诚面对现实可以帮助对方忍受过渡阶段的不适。

3. "我是用这种方法回应孩子的，可还是不管用，该怎么办呢？"首要的事情是：将你的回应过程记录下来，然后和书中所介绍的框架进行对比。如果你确信你的操作没问题，那么可能需要的只是一些时间和距离。尽管我们对这个方法的效果很有信心，但仍然不敢保证它百分之百有效。不过该方法的确会促进灵活性并增进感情，因此可以肯定的是，你付出的努力仍然会以某种形式起作用（或许你得等到以后才能看到效果），而且退一步讲，至少不会造成任何伤害。如果你在比对的时候发现自己有些偏离目标或者错过了某个步骤，别担心，这不是什么大问题，给自己一点休息的时间，然后再"重新来过"。

自我反思

在类似的情境中，当我要用言语表述孩子的情绪感受时，遇到了什么困难？
_____

在类似的情境中，当我要付诸行动时，难点是什么？
_____

将来遇到类似的情境时，我应该如何更加自信地去应对？
_____

第三部分

下一步该怎么走?

教育孩子是一件熟能生巧的事情。每个人都是在一路摸爬滚打中不断学习的——既学习为人子女的经验，也学习为人父母的经验。当你放下手中的书之后，接下来打算怎么做呢？你该如何把学到的知识转化为实际行动？

本书的最后一部分会帮助你将前面学到的内容运用到生活中。我们会先做一个总结，再附上更多的方法和资料供你后续参考，包括如何为孩子提供其他帮助，也包括如何寻找机会练习新的沟通模式。毕竟家庭生活中总是充满矛盾，有时甚至吵得天翻地覆，孩子的成长需要父母的指引，同样，父母自己也离不开那些值得信赖的前辈指点迷津。在阅读下面这些章节的时候，请思考你曾经向哪些人倾诉过自己遇到的挑战，以及你是否希望把其他人加到自己的后援团中。

第二十二章　新的方向

我们衷心希望本书能对你的家庭生活有所帮助。我们写这本书的初衷就是还原各种常见的家庭教育场景，因为光是知道这些问题每天都在世界的各个角落里不断上演，就会令人感到宽慰。父母通常不会与别人交流孩子最差劲的那一面，也没有人会在社交媒体上发布孩子在家里大哭大闹或打成一团的照片。有些父母会向自己的挚友和家人掏心掏肺，而更多父母只能在网上匿名倾诉，或向医生或心理治疗师袒露养育孩子过程中的种种不易，因为在这些地方信息都是保密的。大多数父母每天都在孤军奋战。我们也只不过是因为每天与不同的家庭单独聊天，才会发现这些困境是如此普遍。我们可以很肯定地告诉你，没有一个家庭像看上去的那样完美，也没有一个孩子像你以为的那么乖巧听话，更没有一对父母、继父母、祖父母或其他监护人已经对育儿问题完全驾轻就熟了。同时，我们也有幸目睹了父母在孩子身上所倾注的心血和无微不至的呵护。就像你会选择阅读本书，也是你关心孩子的无数表现方式中的一种。

我们两人过去都从未想过会写一本家教书。我们从事的都是心理健康领域的工作，初衷都是希望能够帮助孩子。但在实际工作中我们发现，帮助孩子最好的方式之一，就是帮助家庭成员摆脱亲子互动的固有模式——这种模式有时甚至可以追溯到上面几代人。后来我们也为人父母，有了自己的子女或继子女之后，就越发明显地感觉到，当孩子陷入情绪困境时，家里的每个人都不会好受。同样，我们也意识到，在大多数情况下，如果父母不率先做出改变，孩子靠自身的力量根本无法做出改变。这也意味着有时候我们首先要和伴侣就家庭教育问题达成共识。无论我们的教育背景如何，无论我们认识多少心理治疗师朋友，甚至无论我们积累了多少帮助别人家孩子的经验，除了身体力行之外，没有其他任何方式能让我们做好充分的准备，懂得如何与自己的孩子相处。当然，也没有其他任何事情能像陪伴孩子成长那样带来或欢乐或沮丧或担忧或惊叹的体验。养育孩子这件事既可以无比美好，让人想坚持做下去，也可以无比压抑，让人想逃避甚至逃离。在深入细致地研究一番后，我们发现，在家长群体中确实存在一些比较普遍的认识误区和担忧，需要一些引导孩子梳理情绪和行为的具体做法。在导师、同事和前辈的启迪之下，我们设计出了书中的沟通模式，将前者的一些重要观点用文字表达出来。我们用亲身实践证明，这些做法确实能让家庭生活变得更加轻松，所以才迫不及待地与你分享。

有的父母勇敢地在自己家中尝试了书中提到的一些方法，听到这样的故事总是会让我们非常感动。他们不时地向我们反馈，自己的孩子终于敞开了心扉或缓和了态度，真正接受了父母的关心。有时候，改变未必明显，但父母仍然相信我们的方法，并继续使用这些沟通技巧。最近，有一位母亲这样跟我说：

我试了之后并没有奏效。孩子根本没有冷静下来的迹象。但我告诉女儿没关系，妈妈并不指望她在经历了如此痛苦的一天之后，马上就能变得开朗起来。第二天，我在厨房里干活的时候，她主动跑过来待在我身边，而不是像往常一样回到自己的房间紧紧关上门。所以，也许至少我做对了什么，不是吗？

同样，当父母用这种新的方式进行沟通，往往需要经过几周的时间才能察觉到效果。这是正常情况，改变不是一蹴而就的。在情况好转之前，你甚至会感到出现了暂时的碰壁和反复。但只要坚持下去，阳光总是会在风雨之后出现。你不能指望仅仅改变亲子关系模式中的一方，而另一方不用做出任何回应，就能看到这种关系的改善。所有的作用力都会带来反作用力，我们对此深信不疑！

我们来回顾一下书中的几大要点。

首先要强调的是，你应该使用三个"因为"的表述结构，尤其是在一开始沟通的时候。这种表述结构能让你摆脱传统文化下亲子互动模式的误区——一味地追求让孩子的情绪尽快消失。它会向孩子传递如下信息：你理解他们，也在时刻关注他们的动态。这种方式增进了对孩子的认可。然后，你就可以把注意力放在孩子遇到的实际问题上，而不是过早地试图引导他们走出情绪困境。

图 22.1 勇攀行为转变的山峰

同样重要的是，三个"因为"的表述结构应该尽可能地反映孩子的善良本意和美好初衷。即便孩子的行为并不妥当（比如为了抢着打游戏而和弟弟或妹妹大打出手），你仍然可以把孩子内心深处的感受、愿望或需求说出来（比如，"你之所以这么生气是因为觉得自己被冷落了"或"因为你已经等了很久，无比希望能快点轮到自己玩"）。当你用积极的方式表达孩子的感受时，他们也会用这样的方式看待自己，因为父母的言语就是孩子最重要的镜子。

另外，我们所介绍的先认可、（待时机成熟时）再安抚或解决问题的顺序，对每个年龄段的孩子来说都是相当重要的。事实上，年纪较大的孩子告诉我们，他们只有先感受到被理解或被接纳，才会更愿意听从父母的建议。你可以把这个顺序理解成"先用心去感受，再用脑去解决"，或"先动之以情，再晓之以理"。西尔维娅·布尔斯坦有一句很出名的话（同时也是她专著的书名）："做，不如不做。"她的意思是先坐下来体会自己的感受，然后再决定下一步要怎么做。我们对家庭教育的态度本质上也是这个意思。父母先坐下来好好倾听孩子的感受，然后给予他们充分的认可，最后再提供自己的建议，这么做看起来什么都没做，实际上却意义非凡，且成效明显。

我们建议你可以先模仿本书所介绍的表述结构，待完全掌握诀窍之后再形成自己的版本。一旦你觉得掌握了沟通法则，对这个沟通模式也烂熟于心了，你自然就会懂得如何与孩子进行沟通，至于具体的细节就没那么重要了。换言之，不要总担心怎样才能把每句话都讲得恰到好处，尤其是在你刚刚开始学习新技巧的时候。实际上，当看到父母努力用近乎"完美"的措辞和他们说话，孩子也会感到很不耐烦。你应该把关注点放在自己和孩子身上，而不是放在所谓"完美话术"上。如果孩子能感受到你是在真诚地与他们沟通，即便你说得磕磕绊绊或忘了下一句该说什么，这种小心翼翼的爱的表达，就是你能带给孩子的最棒的礼物。请记住，无论情况变得多么糟糕，孩子真正需要的，只有作为家人的"你"。当发生家庭矛盾的时候，冲突程度越是激烈，就越是表明孩子有多么希望父母能够和他们一起解决问题，帮助他们度过这个无助的时刻。

就像学习其他任何新方法一样,我们建议你从相对容易的地方着手。例如,如果你喜欢和孩子一起欢度时光,可以把一些"言语表达"的技巧加到这种场合中。如果你比较善于应付孩子的焦虑情绪,可以先在这类情境下运用新方法,然后再延伸到应对愤怒情绪等更棘手的情况。如果你有两个或更多孩子,也可以先从你觉得会比较听话的那个孩子开始沟通。这个过程并不总是一帆风顺的,但每次你这么做的时候,都是在为你们的亲子关系和孩子的大脑发育做长期投资。这种回应方式不仅可以在当下帮助到孩子,久而久之,孩子也会受到潜移默化的影响,自然地运用这样的沟通模式与身边的其他人相处,得以终身受益。换句话说,当你改变与孩子相处的模式时,你就改变了亲子关系的底层基因,并且这种改变可以代代相传。

有时候——当我感到疲惫或沮丧的时候,最不想做的事就是搭建桥梁(更不用提言语表达了)。这时,我就会想到我们的祖辈,即便过去能接触到的科学育儿知识和专业建议都极为有限,他们也尽力养育了我们。然后我就会心怀敬意重新打起精神,试图解开一些代际间反复出现的难题。如果你对此还没有强烈的共鸣,也完全没关系,你可以一边努力实践,一边寻找意义,今后当你困囿于日常琐事的时候,就可以从这种意义感中汲取丰富的动力。有时候,自觉地抬头仰望星空,也可以让我们获得不一样的视角,不至于深陷在眼下的烦恼中。

如果你对新方法的有效性还将信将疑,别忘了你可以选择"重新来过"。在起步阶段,95%的努力可能都需要"重新来过"。所以,你要做的第一步就是在与孩子互动之后能够意识到刚才的互动效果并不理想。说真的,能做到这点已经很了不起了。"重新来过"其实不亚于保持冷静或第一遍就这样做的效果。如果你每时每刻都能关注到孩子的感受或需求,那反而太反常了。苛求你总是能够"明白"孩子在想什么,实际上既不现实,也不利于孩子成长。当父母与孩子的想法不是百分百同步的时候,这样的局面其实也有助于孩子形成自主意识和抗压能力;而当父母与孩子重新沟通后,孩子就会懂得亲子关系足够牢靠,足以经受各种磨难和考验。换言之，健康的关系就是一个不断失误和纠错的过程，可以是"重来一遍"具体的沟通过程，也可以是重新建立一种不同的关系模式。

这样的做法对于改善任何类型的关系都有益处，包括父母双方的关系。随着问题变得越发复杂或家庭成员结构发生变化，父母双方都会变得非常情绪化。利用好这些沟通法则，与"队友"更高效地配合，不仅会缓解自身的压力，也会缓解孩子的压力。事实证明，有时候父母在教育问题上的分歧或紧张的关系，是搭建通往孩子岛桥梁的主要阻碍因素之一，因为一个人的精力毕竟是有限的！当你觉得伴侣给予了你充分的支持（或至少没有拖后腿）时，事情就相对容易很多。但如果你感受不到来自伴侣的支持，我们强烈建议你主动推倒第一张"多米诺骨牌"。虽然你可能会感到不快或"不公平"，特别是你会觉得为什么每次非得是自己先迈出第一步，但只要你心怀诚意，久而久之，付出终将有回报。

关于这点，请务必相信我们——我们在工作中有机会接触到许多咨询家庭教育问题的父母，他们甚至都不愿意共处一室，更别说在教育孩子的问题上达成共识了。我们发现，父母双方的痛苦往往源自对孤立无援境况的恐惧和委屈，甚至是羞愧。如果这种孤立无援的痛苦能够得到伴侣不求回报的体贴和支持（即便起初只是为了孩子），那么下一刻，奇迹就会发生。

当父母开始用心倾听孩子的心声时，往往会发现有很多来自内外部的干扰因素，包括工作的压力、时间的紧迫、电子产品的干扰等。我们内心都希望以一种有益且有意义的方式与孩子进行沟通，但快节奏的生活和超负荷的压力却不允许我们这么做。许多家长起初关心的是如何与孩子沟通，但在过程中却对如何自我减压的相关知识产生了更为浓厚的兴趣。如果你也有同感，你会找到许多同道中人。我们这一代的父母被太多事情分散了精力，每件琐事都持续地耗费时间和精力。此外，我们也感受到不少新的挑战和焦虑，例如孩子沉溺于虚拟世界的问题、孩子未来面临的经济和生态环境状况等。所幸在我们身处的时代，正念练习已经成为主流，平日里忙碌的父母可以找到很多方式练习正念，包括播客视频、书籍、俗僧、出家人和静修会等，所有这些古老的方法都蕴含着正念的思想，即"有意识地觉察，不加以主观评判"。

当我（艾希莉）作为新手妈妈第一次遇到难关时，我的导师和同事纷纷建议我去试试正念练习。在我所有学习和尝试过的方法中，正念冥想是最简单、最省钱，也最有助于管理育儿压力的一种方法。我们最推崇的一本正念冥想指南是丹·哈里斯所著的《烦躁的怀疑论者必读的冥想法》，毕竟在现实生活中，谁会愿意在有一大堆事情要操心的情况下练习静坐冥想并专注于自己的呼吸呢？极少有父母愿意这么做，特别是那些已经忙得焦头烂额的父母。如果你也是这么认为的，我们想告诉你的是，在日常生活中有许多方式可以练习正念，不必每次都静坐三十分钟！要是你想了解更多信息，请查看"推荐书目"章节中列出的一些书籍和网站。其中我们特别喜欢的一本书是苏珊·凯瑟·葛凌兰所著的有声读物《和孩子一起练习正念：专为忙碌的父母准备的简单正念冥想法》。

如果你对小组形式的课程感兴趣（给自己找个好借口每周一次出门透透气），有这样几种课程可供选择：

第一个日常性质的正念课程是由乔·卡巴金开创的，称为**正念减压课程**，在许多城市都开设了线下课程，网上也可以找到在线课程。这是很不错的正念练习入门课程，可以帮助学员逐渐增强对日常事件的觉知，同时尽量减少对事件产生的情绪反应。

作为正念减压课程的一个分支，**正念养育课程**是专门为家长量身定制的。如果你的孩子有身体或心理方面的问题，或你正在为孩子教育问题头痛不已，这门课程会对你特别有用。

正念自我关怀进一步强化了其他正念训练中经常涉及的一些练习方法。正如我们在第四章所讨论的那样，父母通常很难从问题中跳脱出来客观看待，自我关怀练习可以帮助我们更好地应对各种育儿难题。如今许多父母对养育孩子抱有不切实际的期冀，对此自我关怀就是一剂清醒剂。我们强烈推荐这种练习方法。

正念认知疗法专门针对焦虑症或抑郁症患者。研究表明，这种方法对新手父母或反复受到抑郁症折磨的患者很有效。

　　或许你需要更多家庭教育方面的建议，或是你的孩子正深受行为问题或心理问题的困扰，你认为只要找到所谓的"高阶育儿技巧"，问题就能迎刃而解。

　　但是，布琳·布朗认为，父母与其指望"专家"给出建议，不如给自己留一点空间来发现和倾听内心的智慧。作为**"情绪聚焦家庭治疗"**的创立人之一，我（阿黛尔）确实认为这种方法非常有效。本书中描述的沟通模式与这种方法可以说是同根同源。"情绪聚焦家庭疗法"的重点就是为父母提供相应的技巧和策略来帮助孩子处理行为、情绪和亲子关系方面的问题。当父母出于某种担忧（担心把事情进一步搞砸）、自责（目睹孩子难过却无能为力）或其他情绪（绝望、悲伤等）而不知所措的时候，"情绪聚焦家庭疗法"的治疗师会帮助父母激发养育的本能，从而重新回归到正确的做法上来。你可以浏览网站（www.emotionfocusedfamilytherapy.org）上的一些免费视频，看看其他父母和家长是如何从这种方法中受到启发的。

　　传统意义上的**家庭治疗**（通常是两个或更多家庭成员一起接受咨询）也是另一种获得"面对面"帮助的方式，为的是增进家庭成员之间的理解、减少冲突，并将本书中介绍的一些建议和方法付诸实践。不少家长有这样的顾虑：让别人引荐"家庭治疗"就意味着"一定是父母做错了"。我们的观点恰恰相反：即便某种糟糕的状况已经持续了很长一段时间，父母也依然是解决问题的主力。家庭治疗可以帮助父母和孩子走出固有互动模式的困境，换一种方式与彼此沟通，从而更好地满足每个家庭成员的需求。

　　许多社区都会为家长提供现场咨询、电话或视频辅导等形式的**育儿指导和支持**。你可以随时向家庭保健医师、医疗机构和/或当地学校征询。这些服务资源通常都很方便实用，价格也不贵，而且也有可靠的科学依据。

　　最后，为人父母真的可以在情感层面改变你对一些事情的看法。因此，许多父母会对深入了解自我或自己与他人的关系产生浓厚的兴趣，这也就不足为怪了。这方面可供父母选择的资源很多，包括在线家长互助群、心理咨询与治疗等等。例如，**个体治疗**可以帮助父母更了解自己的想法和感受，并改善与孩子、伴侣，以及其他重要家庭成员的关系。大众往往存在这样的看法，认为心理治疗少不了深入探索自己的童年经历，但实际上这一步骤并不是必需的，当然如果你有主观意愿，那另当别论。如果父母想要了解自己的童年经历会如何影响他们现在的教育方式，或是想方设法让孩子体验自己小时候从未体验过但无比向往的事情，那么**精神动力学心理治疗**或许是个不错的选择。**认知行为疗法**的运用也是相当广泛的，它通常针对短期的行为，侧重于关注"眼下"的问题，比如怎样改变日常生活中的一些消极思维模式。**人际关系疗法**旨在帮助父母在重要的人际关系中更好地识别自己的感受并改善与关键人物的沟通。**伴侣治疗**主要探讨伴侣在育儿角色中如何互相支持，对父母双方尤为管用。尽管改善伴侣关系往往对孩子也有好处，但如果你的重点并不是为了孩子，也完全无妨。此外，还有许多其他形式的心理治疗，但归根结底，能否与心理治疗师之间建立信任关系，可能是决定治疗效果是否理想的最为重要的因素。

结束语

当你觉得已经试遍了所有方法但似乎都不见效的时候，难免会灰心丧气。你不免会担心孩子、你本人或你们之间的关系真的出了什么大问题。希望你在运用本书中的一些做法之后，能够看到更多亲子关系中的闪光点，让自己的内心获得更多平静。如果暂且无法做到这点，也请放心地告诉自己：改变往往需要时间才能见效。孩子是适应力极强的生物，父母也是如此。人类天生注定就是需要共同学习和成长的。不管孩子经历了怎样的困境，或是当下做出了怎样的反应，希望是永远存在的。亲子之间的纽带远比你以为的要牢固，而且孩子也希望一切都会好转。尽管孩子可能从未对你所做的一切表示过感谢，但实际上他心里一清二楚。我们希望与此同时，你也可以为自己乐于尝试新事物、屡败屡战的毅力感到骄傲。这是你送给自己和孩子的一份珍贵礼物。我们坚信，你付出的一切努力都意义非凡。

第二十三章　实用资源

如果你想多加练习，找到最适合自己和孩子的沟通方法，我们在这里提供了一个模板，以便你在此基础上创作属于自己的版本。你可以把这个模板套用到任何情境中。在本章中，我们首先会总结方法的若干要点，然后附上一些不同情境的实际例子。在本章末尾，我们还会提供和情绪相关的表格，便于你根据孩子或家庭的个性化需求做出相应的调整。

1. 快速指南：该对孩子说些什么

一旦你搭建了一座通往孩子岛的桥梁，也多多少少猜到了孩子情绪背后的原因，就可以使用下面的指南来思考如何应对特定的情境：

💬 言语表达

A. 表达你理解他们的情绪：

我可以理解你……

我想象得出你……

难怪你……

你会这么想也有道理……

如果我是你，我想象得出你可能会感到 / 认为 / 希望 / 不希望＿＿＿＿＿＿。

B. 证明你"明白"他们的感受：

因为1：_____ 因为2：_____ 因为3：_____

付诸行动

情感支持的方法

- 用语言或肢体上的关爱来表达慰藉（"过来，给你一个抱抱"）
- 表示安抚（"我相信一切都会好起来的"）
- 表达接纳和不带主观评判的态度（"有这种感受再正常不过了"）
- 表达共同面对和随时陪伴的态度（"我们一起面对""我会陪在你身边"）
- 表达对孩子个人及其能力和善良本意的认可或信任（"我相信你能渡过难关"）
- 与孩子分享快乐（"哇哦，这也太赞了吧"）
- 给孩子留出空间（可以是物理或心理上的空间，并且有时间限制）；明确告知孩子再次沟通的计划（"要不你自己先待一会儿，五分钟后我再来找你"）

行动支持的方法

- 将孩子的注意力转移到其他事情上（例如：打游戏、运动、听音乐）
- 手把手教孩子练习沟通和社交技能（例如：教孩子如何变得自信）
- 手把手教孩子练习正念、自我关怀和放松身心的技巧（例如注意观察房间里的红色物体；告诉孩子每个人都会遇到艰难的时刻；腹式呼吸）
- 帮助孩子直面恐惧（例如：以循序渐进的方式做困难的事情，一步步适应那些会引起焦虑的事物或情境）
- 使用积极的强化手段（例如：对孩子可取的行为进行表扬和/或奖励）

- 帮助孩子展开头脑风暴，想出解决问题的办法（例如：轮流提出可行的方法）
- 提供解决实际问题的方法，或者直接着手处理问题（例如：告诉孩子这个问题需要大人的帮助才能解决）
- 提供一些选择或适当地帮助孩子把控局面（例如：帮助孩子排除不可行的办法，缩小可选择的范围）
- 定下规矩（例如：明确告知孩子自己的期望或要求）
- 只需陪在孩子身边，让情绪自然流露

2. 指导法则

本节提到的一些例子在书中出现过，你会觉得很眼熟，而另一些例子则代表之前的章节中没有谈及的典型家庭教育场景。我们将这些例子按照孩子的沟通方式分成几种类型：拒绝、希望、情绪状态、亲子关系评价。

我不想……

我不想起床。

搭建桥梁（孩子不想起床的可能原因）：

1. _____
2. _____
3. _____

言语表达（用符合孩子年龄和性格特点的语言）：
我可以理解为什么你不想起床，因为：

1. _____
2. _____
3. _____

付诸行动：

情感支持的表述：

行动支持的建议：

我不想去上学。

搭建桥梁（孩子不想去上学的可能原因）：

1. _____
2. _____
3. _____

言语表达（用符合孩子年龄和性格特点的语言）：

我能想象为什么你不想去上学，因为：

1. _____
2. _____
3. _____

付诸行动：

情感支持的表述：

行动支持的建议：

我不想来吃晚饭。

搭建桥梁（孩子不想来吃晚饭的可能原因）：

1. _____
2. _____
3. _____

言语表达（用符合孩子年龄和性格特点的语言）：

难怪你不想来吃晚饭，因为：

1. _____
2. _____
3. _____

付诸行动：

情感支持的表述：

行动支持的建议：

我不想做作业。

搭建桥梁（孩子不想做作业的可能原因）：

1. _____
2. _____
3. _____

言语表达（用符合孩子年龄和性格特点的语言）：

在我看来，你不想做作业是有道理的，因为：

1. _____
2. _____
3. _____

付诸行动：

情感支持的表述：

行动支持的建议：

我不希望你再生一个小宝宝。

搭建桥梁（孩子不希望你再生一个小宝宝的可能原因）：

1. _____
2. _____
3. _____

言语表达（用符合孩子年龄和性格特点的语言）：

你当然不希望我们再生一个小宝宝，因为：

1. _____
2. _____
3. _____

付诸行动：

情感支持的表述：

行动支持的建议：

我不想……

搭建桥梁（孩子不想 _____ 的可能原因）：

1. _____
2. _____
3. _____

言语表达（用符合孩子年龄和性格特点的语言）：

换作是我，我可以理解为什么你不想 _____，因为：

1. _____
2. _____
3. _____

付诸行动：

情感支持的表述：

行动支持的建议：

我想……

我想晚点睡觉。

搭建桥梁（孩子想晚点睡觉的可能原因）：

1. _____
2. _____
3. _____

言语表达（用符合孩子年龄和性格特点的语言）：

我可以理解为什么你想晚点睡觉，因为：

1. _____
2. _____
3. _____

付诸行动：

情感支持的表述：

行动支持的建议：

我想买那个玩具。

搭建桥梁（孩子想买那个玩具的可能原因）：

1. _____
2. _____
3. _____

言语表达（用符合孩子年龄和性格特点的语言）：

我能想象为什么你想买那个玩具，因为：

1. _____
2. _____
3. _____

付诸行动：

情感支持的表述：

行动支持的建议：

我不想这么做（想要逃避）。

搭建桥梁（孩子想逃避的可能原因）：

1. _____
2. _____
3. _____

言语表达（用符合孩子年龄和性格特点的语言）：

难怪你会想逃避，因为：

1. _____
2. _____
3. _____

付诸行动：

情感支持的表述：

行动支持的建议：

我想……

搭建桥梁（孩子想要 _____ 的可能原因）：

1. _____
2. _____
3. _____

言语表达（用符合孩子年龄和性格特点的语言）：

我可以理解为什么你会想要 ＿＿＿＿＿＿＿，因为：

1. ＿＿＿＿＿＿＿＿＿＿＿＿＿＿＿＿＿＿＿＿＿＿＿＿＿＿＿＿＿＿

2. ＿＿＿＿＿＿＿＿＿＿＿＿＿＿＿＿＿＿＿＿＿＿＿＿＿＿＿＿＿＿

3. ＿＿＿＿＿＿＿＿＿＿＿＿＿＿＿＿＿＿＿＿＿＿＿＿＿＿＿＿＿＿

付诸行动：

情感支持的表述：

行动支持的建议：

我感到……

生气

搭建桥梁（孩子感到生气的可能原因）：

1. ＿＿＿＿＿＿＿＿＿＿＿＿＿＿＿＿＿＿＿＿＿＿＿＿＿＿＿＿＿＿

2. ＿＿＿＿＿＿＿＿＿＿＿＿＿＿＿＿＿＿＿＿＿＿＿＿＿＿＿＿＿＿

3. ＿＿＿＿＿＿＿＿＿＿＿＿＿＿＿＿＿＿＿＿＿＿＿＿＿＿＿＿＿＿

言语表达（用符合孩子年龄和性格特点的语言）：

换作是我，我可以理解你为什么会感到生气，因为：

1. ＿＿＿＿＿＿＿＿＿＿＿＿＿＿＿＿＿＿＿＿＿＿＿＿＿＿＿＿＿＿

2. ＿＿＿＿＿＿＿＿＿＿＿＿＿＿＿＿＿＿＿＿＿＿＿＿＿＿＿＿＿＿

3. ＿＿＿＿＿＿＿＿＿＿＿＿＿＿＿＿＿＿＿＿＿＿＿＿＿＿＿＿＿＿

付诸行动：

情感支持的表述：

行动支持的建议：

难过

搭建桥梁（孩子感到难过的可能原因）：

1. _____

2. _____

3. _____

言语表达（用符合孩子年龄和性格特点的语言）：

我可以理解你为什么会感到难过，因为：

1. _____

2. _____

3. _____

付诸行动：

情感支持的表述：

行动支持的建议：

害怕

搭建桥梁（孩子感到害怕的可能原因）：

1. _____

2. _____

3. _____

言语表达（用符合孩子年龄和性格特点的语言）：

我能想象你为什么会感到害怕，因为：

1. _____

2. _____

3. _____

付诸行动：

情感支持的表述：

行动支持的建议：

尴尬

搭建桥梁（孩子感到尴尬的可能原因）：

1. _____

2. _____

3. _____

言语表达（用符合孩子年龄和性格特点的语言）：

你当然会感到尴尬，因为：

1. _____

2. _____

3. _____

付诸行动：

情感支持的表述：

行动支持的建议：

开心

搭建桥梁（孩子感到开心的可能原因）：

1. _____
2. _____
3. _____

言语表达（用符合孩子年龄和性格特点的语言）：

难怪你会感到开心，因为：

1. _____
2. _____
3. _____

付诸行动：

情感支持的表述：

行动支持的建议：

（其他情绪词汇）

搭建桥梁（孩子感到 _____ 的可能原因）：

1. _____

2. _____

3. _____

言语表达（用符合孩子年龄和性格特点的语言）：

我明白为什么你会感到 _____，因为：

1. _____

2. _____

3. _____

付诸行动：

情感支持的表述：

行动支持的建议：

与父母 / 家长之间的关系

我讨厌你。

搭建桥梁（孩子生你气的可能原因）：

1. _____

2. _____

3. _____

言语表达（用符合孩子年龄和性格特点的语言）：

在我看来，你生我的气是有道理的，因为：

1. _____

2. _____

3. _____

付诸行动：

情感支持的表述：

行动支持的建议：

你为什么要这样对我说话？

搭建桥梁（孩子对你努力认可他们的做法感到不舒服或不信任的可能原因）：

1. _____
2. _____
3. _____

言语表达（用符合孩子年龄和性格特点的语言）：

我可以理解你为什么会这样说，因为：

1. _____
2. _____
3. _____

付诸行动：

情感支持的表述：

行动支持的建议：

沉默

搭建桥梁（孩子不愿和你谈论这个话题的可能原因）：

1. _____
2. _____
3. _____

言语表达（用符合孩子年龄和性格特点的语言）：

换作是我，也可以理解你为什么不愿和我谈论这个话题，因为：

1. _____
2. _____
3. _____

付诸行动

情感支持的表述：

行动支持的建议：

其他可能的情况

搭建桥梁（孩子……的可能原因）：

1. _____
2. _____
3. _____

言语表达（用符合孩子年龄和性格特点的语言）：

我能想象你为什么……，因为：

1. _____
2. _____
3. _____

付诸行动：

情感支持的表述：

行动支持的建议：

3. 情绪快速查询表

下面列举了几种基本类型的情绪，以及随之而产生的身体感觉和行为。研究表明，尽管个体的外在表现方式是因人而异的，但这些要素在不同的性别和文化中差异并不大。孩子可能不像大人那样对情绪比较敏感，也不见得能够分清不同情绪。随着年龄的增长，在大人的指导下，孩子才逐渐学会如何辨别情绪。

身体方面的感觉

	喜悦	悲伤	恐惧	羞愧	愤怒
身体感觉	轻盈、松快或舒展	哽咽、空虚、沉重或茫然的感觉	发抖、肌肉紧绷、胃痛、刺痛感、发烫/发冷、心跳加快	消沉、恶心得脸颊泛红、缩头缩脑	肌肉紧绷、拳头紧握、心跳加快

	喜悦	悲伤	恐惧	羞愧	愤怒
身体部位	全身、胸部、头部	喉咙、胸部、腹部、双腿和双臂	腹部、头部、面部、胸部、喉咙	胸部、头部、眼睛	头部、肩部、双臂、双手
行为/冲动	想欢呼庆祝，与他人分享喜悦之情，微笑	想大哭一场，蜷成一团，拥抱，躺下休息	想逃避，逃跑并躲起来，僵住不动或奋起反抗	想躲起来，捂住脸，逃跑	想打人或骂人，摔东西，打碎东西，只想自个儿独处

你可以浏览一遍表格，并根据自己的实际情况增加或删除一些身体感觉，这样你就能更清楚地意识到情绪是如何在自己身体上表现出来的。你还可以教孩子也这么去做。

※ 提醒：当你说出某种情绪的名称时，如果孩子并不认同这种情绪，或是觉得不知所措或局促不安——没关系，你可以换一个强度较低的词汇来描述这种情绪。以愤怒为例，你可以说："我想象得出你为什么会感到不开心/烦恼/沮丧。"而不是说："我能理解你为什么会觉得很气愤。"你还可以把情绪词汇和孩子的情绪区分开来，例如这么说："每个人碰到这种情况都会觉得气愤/不开心/烦恼/沮丧。"你甚至也可以在一开始完全闭口不提情绪词汇，转而对身体感觉或行为发表看法："换作是我，我也会想把那张纸扔进垃圾桶！"或者："我能想象，一想到……就会让你拳头紧握/火冒三丈/头要爆炸……"除此之外，你也可以表达对他们的想法、观点或原话的理解，而不是表达主观感受。比如："难

怪你认为安妮很烦人,因为……"或:"我能想象你为什么会说杰西不喜欢你,因为……"

如果你能够逐渐地多运用一些"情绪词汇",那就更完美了,因为这些词汇有助于孩子更具体地描述自己的感受。我们在前面也提到过,当孩子能够识别与情绪相关的身体感觉,并经常运用情绪词汇(无论是形容自己内心的感受还是和别人交流的感受)时,情绪爆发、行为偏差和情绪崩溃等问题发生在他们身上的概率就会越来越小。对大多数人而言,这是一个需要终身学习的过程。

情绪词汇示例

	喜悦	悲伤	恐惧焦虑	羞愧	愤怒
强烈程度	大喜过望、兴奋不已、激动万分、欣喜若狂	绝望、无望、空虚、无助	惊恐、吓呆、惊慌、僵住	羞辱、羞愧、耻辱、屈辱	怒不可遏、出离愤怒、怒气冲天、火冒三丈
中等程度	快乐、高兴、兴高采烈	难过、忧郁、愁眉苦脸、沮丧、孤独、伤心	吃惊、害怕、担心、紧张	窘迫、丢脸、被瞧不起、被杀威风	愤怒、怨恨、气愤、生气
轻微程度	愉悦、欣慰、知足	低落、闷闷不乐、失落、不开心	忐忑不安、小心翼翼、焦虑不安、犹豫不决	慌乱不安、羞怯、不自在	不悦、恼火、烦躁

269

推荐阅读

  为了帮助不同年龄孩子的家长解决面临的各种家庭教育问题，我们在这里分门别类地列出了一些推荐书目，尽可能把我们认为有用以及备受父母推崇的资源都囊括在内。形形色色的挑战在当今的家庭中随处可见，我们希望抛砖引玉，帮助你迈出应对这些挑战的第一步。不过这份清单绝对不是最全面的。随着临床医学和实践的进步，更新、更前沿的研究成果会不断地出版面世。

扫描二维码，

获取推荐阅读书目

致谢

首先要感谢我的两个孩子诺姆（Noam）和玛雅（Maya），他们才是我最棒的老师。也很感激我的丈夫阿夫里（Avri），当我苦苦思索怎样才算"合格的父母"时，是他耐心地陪在我身边；当我一门心思撰写本书的时候，也多亏他包揽了一切家务。我还要感谢我的父母罗达和哈罗德·米勒（Rhoda and Harold Miller），他们给予了我无条件的爱和支持。

在写作的过程中，我还受到很多人的鼓励，帮助我打消疑虑。我要向以下朋友和同事表示由衷的感谢：杰西卡·莫里森（Jessica Morrison）、马克·苏皮诺（Mark Supino）、凯利·林奇（Cailey Lynch）、阿拉娜·希尔什（Alana Hirsh）、梅兰妮·查蒂尔（Melanie Chartier）、詹妮弗·拉塞尔（Jennifer Russel）、玛菲·格林纳威（Muffy Greenaway）、伊夫林·斯图尔特（Evelyn Stewart）、帕特里夏·弗鲁（Patricia Frew）、Dzung X. Vo、希米·康（Shimi Kang）、维多利亚·赫斯特·马丁（Victoria Hurst-Martin）、阿姆里特·达里瓦尔（Amrit Dhariwal）、瑞秋·阿姆斯特朗（Rachel Armstrong），当然还有我的好搭档阿黛尔·拉弗朗斯。

最后，我还要感谢我的导师E.简·加兰博士（E. Jane Garland），她总是比我先知道我需要什么样的帮助，并且总是不遗余力地给予我支持，在我还是新手妈妈的时候第一个向我推荐了正念练习；还有洛林·海瑟薇（Lorraine Hathaway），我视她为最重要的榜样，她对家庭教育事业所倾注的心血、热爱和同理心，培育了整整一代儿童精神病学家、一代孩子以及他们的父母。

——阿什利·米勒

感谢我的老师、导师、朋友和家人，尤其是我的继子女。特别要感谢我亲爱的丈夫约翰（John），当然还有我的好搭档阿什利。本书的写作过程非常快乐，我已经迫不及待地想要与阿什利继续合作了！

——阿黛尔·拉弗朗斯

最后（这次真的是最后了），我们要向泰勒-弗朗西斯出版集团的全体同仁致以谢意。感谢你们对本书的信任，支持我们将这些理念带给更多的临床医师和父母。衷心感谢伊丽莎白·巴德（Elizabeth Budd）为本书所做的编校工作。深深感谢所有的研究人员、临床医师和专家前辈，你们为父母和同行贡献了大量的育儿知识。也要感谢我们的同事，一路走来离不开你们的指导、支持和帮助，我们对此感激不尽。其中，我们想向以下人士郑重道谢（以姓氏首字母排序）：乔纳森·拜林（Jonathon Baylin）、布琳·布朗（Brené Brown）、苏珊·博格尔斯（Susan Bogels）、乔安·道涵缇（Joanne Dolhanty）、阿黛尔·法伯（Adele Faber）、约翰·戈特曼（John Gottman）、丹尼尔·休斯（Daniel Hughes）、莱斯利·格林伯格（Leslie Greenberg）、苏·约翰逊（Sue Johnson）、乔恩·卡巴金和麦拉·卡巴金（Jon and Myla Kabat-Zinn）、加里·兰德雷斯（Gary Landreth）、杰·勒博（Jay Lebow）、哈丽特·勒纳（Harriet Lerner）、伊莱·勒博维茨（Eli Lebowitz）、加博尔·马特（Gabor Maté）、劳拉·马卡姆（Laura Markham）、伊莱恩·玛兹丽施（Elaine Mazlish）、克里斯汀·内夫（Kristin Neff）、戈登·诺伊菲尔德（Gordon Neufeld）、盖尔·帕尔默（Gail Palmer）、丹尼尔·西格尔（Daniel Siegel），还有太多人需要致谢，这里不再一一列举。同样还要感谢那些自告奋勇帮助我们审阅初稿的父母和家长，多亏你们提供了非常宝贵的意见和建议，才使得书中的内容更加贴近生活。

——阿黛尔·拉弗朗斯、阿什利·米勒

拿孩子没办法，试试这样说

作者 _ [加拿大] 阿黛尔·拉弗朗斯　阿什利·米勒　译者 _ 朱瑾　朱蓓静

产品经理 _ 周喆　　装帧设计 _ 朱大锤　　产品总监 _ 阴牧云
技术编辑 _ 顾逸飞　　责任印制 _ 杨景依　　出品人 _ 贺彦军

营销团队 _ 果麦文化营销与品牌部

果麦
www.guomai.cn

以 微 小 的 力 量 推 动 文 明

图书在版编目（CIP）数据

拿孩子没办法，试试这样说 /（加）阿黛尔·拉弗朗斯，（加）阿什利·米勒著；朱瑾，朱蓓静译. — 济南：山东画报出版社，2024.3

书名原文：What to Say to Kids When Nothing Seems to Work

ISBN 978-7-5474-4683-6

Ⅰ.①拿… Ⅱ.①阿…②阿…③朱…④朱… Ⅲ.①儿童教育—家庭教育 Ⅳ.① G782

中国国家版本馆 CIP 数据核字 (2024) 第 040351 号

山东省版权局著作权合同登记号 图字：15-2024-2 号

What to Say to Kids When Nothing Seems to Work: A Practical Guide for Parents and Caregivers, 1st edition by Adele Lafrance, Ashley P. Miller / ISBN: 9781138344631 © 2020 Taylor & Francis
Authorized translation from the English language edition published by Routledge, a member of the Taylor & Francis Group, LLC. All Rights Reserved

本书原版由 Taylor & Francis 出版集团旗下 Routledge 出版公司出版，并经其授权翻译出版。
版权所有，侵权必究。
本书中文简体翻译版授权由果麦文化联合山东画报出版社独家出版并限在中国大陆地区销售。
未经出版者书面许可，不得以任何方式复制或发行本书的任何部分。
本书封面贴有 Taylor & Francis 公司防伪标签，无标签者不得销售。

NA HAIZI MEI BANFA SHISHI ZHEYANGSHUO
拿孩子没办法，试试这样说

［加］阿黛尔·拉弗朗斯　［加］阿什利·米勒 著
朱瑾　朱蓓静 译

责任编辑	刘 丛
装帧设计	朱大锤

主管单位	山东出版传媒股份有限公司
出版发行	山东画报出版社
社　　址	济南市市中区舜耕路517号　邮编 250003
电　　话	总编室（0531）82098472
	市场部（0531）82098479
网　　址	http://www.hbcbs.com.cn
电子信箱	hbcb@sdpress.com.cn
印　　刷	北京世纪恒宇印刷有限公司
规　　格	167毫米×230毫米　16开
	17.5印张　23幅图　240千字
版　　次	2024年3月第1版
印　　次	2024年3月第1次印刷
印　　数	1—6 000
书　　号	ISBN 978-7-5474-4683-6
定　　价	59.80元